学校では
教えてくれない
大切なこと 14

自信の育て方

マンガ・イラスト 藤 美沖

旺文社

はじめに

テストで100点《てん》を取《と》ったらうれしいですね。先生《せんせい》も家族《かぞく》もほめてくれます。でも、世《よ》の中《なか》のできごとは学校《がっこう》でのテストとは違《ちが》って、正解《せいかい》が1つではなかったり、何《なに》が正解《せいかい》なのかが決《き》められないことが多《おお》いのです。

「私《わたし》はプレゼントには花《はな》が良《よ》いと思《おも》う」「ぼくは本《ほん》が良《よ》いと思《おも》う」。どちらが正《せい》解《かい》ですか。どちらも正解《せいかい》。そして、どちらも不正解《ふせいかい》という場合《ばあい》もありますね。

山登《やまのぼ》りで仲間《なかま》がケガをして動《うご》けない。こんなときは「動《うご》ける自分《じぶん》が方位磁石《ほういじしゃく》にしたがって下《お》りてみる」「自分《じぶん》もこのまま動《うご》かずに救助《きゅうじょ》を待《ま》つ」。どちらが正《せい》解《かい》でしょう。状況《じょうきょう》によって正解《せいかい》は変《か》わります。命《いのち》に関《かか》わることですから慎重《しんちょう》に判断《はんだん》しなくてはなりません。

このように、100点《てん》にもなり0点《てん》にもなりえる問題《もんだい》が日々《ひび》あふれているの

が世《よ》の中《なか》です。そこで自信《じしん》をもって生《い》きていくには、自分《じぶん》でとことん考《かんが》え、そのときの自分《じぶん》にとっての正解《せいかい》が何《なに》かを判断《はんだん》していく力《ちから》が必要《ひつよう》になります。

本《ほん》シリーズでは、自分《じぶん》のことや相手《あいて》のことを知《し》る大切《たいせつ》さと、世《よ》の中《なか》のさまざまな仕組《しく》みがマンガで楽《たの》しく描《えが》かれています。読《よ》み終《お》わったときには「考《かんが》えるって楽《たの》しい！」「わかるってうれしい！」と思《おも》えるようになっているでしょう。

本書《ほんしょ》は「自信《じしん》の育《そだ》て方《かた》」です。自分《じぶん》を信《しん》じる力《ちから》を育《そだ》てるために大切《たいせつ》なことは、だれかに勝《か》つことでも、だれかにほめてもらうことでもありません。自分《じぶん》をよく知《し》り、自分《じぶん》はどう思《おも》うかを大切《たいせつ》にして行動《こうどう》することで、自分《じぶん》を信《しん》じる力《ちから》が育《そだ》っていきます。それは、幸《しあわ》せに生《い》きるための土台《どだい》になるものです。「ありのままの自分《じぶん》で大丈夫《だいじょうぶ》」――そんな、本当《ほんとう》の自信《じしん》を身《み》につけていきましょう。

旺文社

もくじ

スタッフ

- 編集
  山野友子
- 編集協力
  福岡千穂
- 装丁・本文デザイン
  木下春圭
  （株式会社 ウエイド）
- 装丁・本文イラスト
  藤　美沖
- 校正
  株式会社 ぷれす
- Special Thanks
  柴﨑嘉寿隆
  （株式会社 クエスト総合研究所）

する仲間《なかま》たち

竹本《たけもと》 光《ひかる》

- 明《あか》るく前向《まえむ》きな性格《せいかく》
- あきらめが早《はや》い
- 楽《たの》しいことや面白《おもしろ》いことが大好《だいす》き

ま、いっか♪

村田雅志《むらたまさし》

- 心配性《しんぱいしょう》で計画的《けいかくてき》な性格《せいかく》
- 緊張《きんちょう》するとおなかが痛《いた》くなる
- 鉄道《てつどう》・お笑《わら》いが好《す》き

迷《まよ》う〜

大岡武蔵《おおおかたけぞう》

- 人目《ひとめ》を気《き》にしない性格《せいかく》
- 歴史《れきし》・時代劇《じだいげき》が好《す》きでいつも着物《きもの》を着《き》ている
- 九州《きゅうしゅう》生《う》まれ

全国大会《ぜんこくたいかい》
優勝《ゆうしょう》!
練習《れんしゅう》あるのみ!
オレはオレ

この本《ほん》に登《とう》場《じょう》

細川清美《ほそかわきよみ》

- がんばりやでまじめな性格《せいかく》
- 日本舞踊《にほんぶよう》を習《なら》っている
- 料理《りょうり》・裁縫《さいほう》が得意《とくい》

小泉里菜《こいずみりな》

- はずかしがりやで甘《あま》えん坊《ぼう》な性格《せいかく》
- 歌《うた》を歌《うた》うのが好《す》き
- アイドルグループ「ハクマイ」のファン

ココロージ

ココロン星《せい》の森《もり》に住《す》む賢者《けんじゃ》。地球《ちきゅう》の子《こ》どもたちが自信《じしん》を育《そだ》てられるようにアドバイスしてくれる。*ココロンの親戚《しんせき》。

*ココロン

学校《がっこう》では教《おし》えてくれない大切《たいせつ》なこと②⑥⑪『友《とも》だち関係《かんけい》』に出《で》てくるよ！

これが宝《たから》の地図《ちず》だ！

２～５章《しょう》では，仲間《なかま》と一緒《いっしょ》に自信《じしん》を育《そだ》てる冒険《ぼうけん》の旅《たび》に出《で》るよ。×のところに宝《たから》がかくされているんだ。宝《たから》を手《て》に入《い》れると，自信《じしん》のレベルがアップしていくよ！

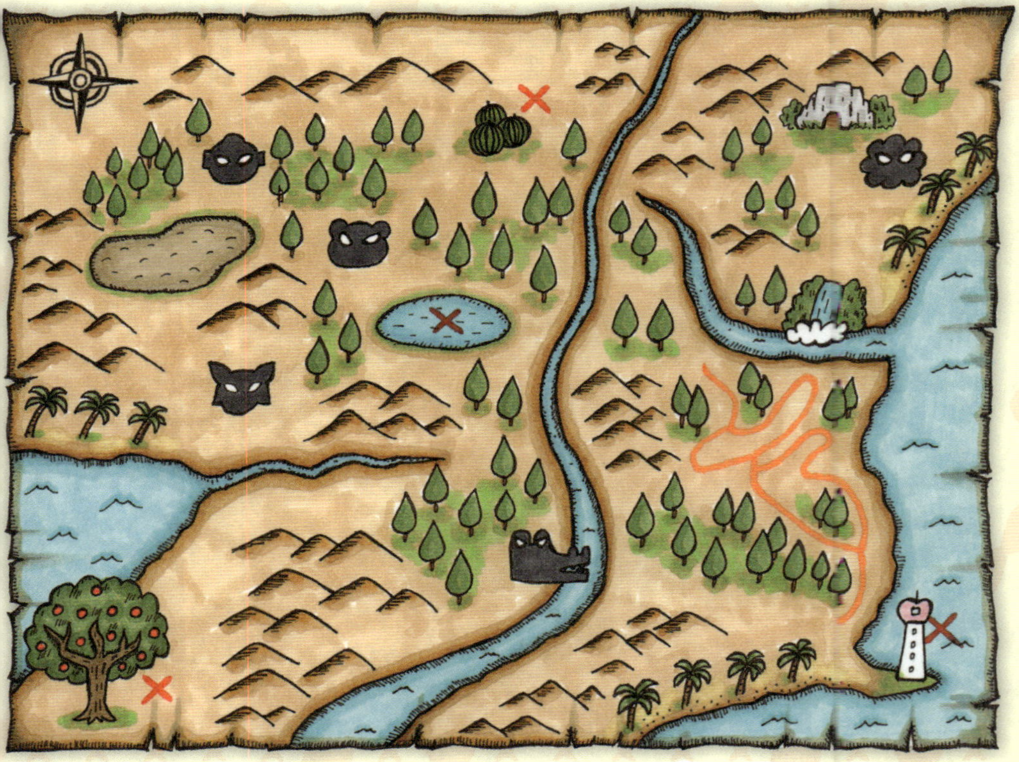

プロローグ

ここは地球《ちきゅう》から遠《とお》く離《はな》れたココロン星《せい》。ココロン星人《せいじん》はこの星《ほし》から、地球《ちきゅう》の子《こ》どもたちを見守《みまも》っています
このおじいさんは賢者《けんじゃ》ココロージ。魔法《まほう》が使《つか》えて木《き》や動物《どうぶつ》と話《はなし》ができて、森《もり》の中《なか》で静《しず》かに暮《く》らしています
ピピ
ココロージおじいさん、こんにちは!
おー、※ココロンじゃないか
久《ひさ》しぶりじゃのう
実《じつ》はちょっと相談《そうだん》があるんだけど…
どうしたんじゃ?
地球《ちきゅう》の子《こ》どもたちが困《こま》ってるみたいなんだ
フムフム
ココロンパッド見《み》て!
ワー
ワー
3-2
えー
どうしよう…
そんな〜
フン

※学校《がっこう》では教《おし》えてくれない大切《たいせつ》なこと②⑥⑪『友《とも》だち関係《かんけい》』に出《で》てくるよ!

イヤな予感《よかん》がする…
困《こま》ったなぁ…
どうでもいいじゃん
みんな！言《い》うこと聞《き》いて！
知《し》らんばい
やっぱりイヤな予感《よかん》が…
めんどくせー
みんなにまかせるよ…
ほう…これは大変《たいへん》そうじゃな～
おやおや
でしょ？
おじいさん、地球《ちきゅう》に行《い》って子《こ》どもたちを助けてよ！
ボク、単身赴任《たんしんふにん》から帰《かえ》ったばかりだから
え～ワシが？
ワー
ええ～
仕方《しかた》ないのう。魔法《まほう》の鏡《かがみ》で様子《ようす》を見《み》てくるとしよう
そんな便利《べんり》な物《もの》が？ボクUFO《ユーフォー》で行《い》ったのに…

そしてココロージは、子《こ》どもたちの学校《がっこう》（のトイレの鏡《かがみ》）にワープ！
よいしょ
だれ？
わっ
3-2
ジャジャジャ〜ン！
やあ、子《こ》どもたちよ。ワシはココロン星《せい》の森《もり》からやってきた賢者《けんじゃ》ココロージじゃ！
シーン
目《め》の錯覚《さっかく》？
新《あたら》しい先生《せんせい》？
迷子《まいご》のご老人《ろうじん》かしら？
防犯《ぼうはん》ブザー
ぐっ
待《ま》てぃ！ワシはあやしい者《もの》ではない！
何《なに》かお困《こま》りですか？
きっと幻《まぼろし》だ
おもしろそう
ピ…
みんなを助《たす》けに来《き》たのじゃ！なんだか困《こま》っていたようじゃが？
ただものじゃなかばい…
何《なん》でわかるの？
毎日《まいにち》悩《なや》んだり、迷《まよ》ったりして大変《たいへん》だよ
そうそう
将来《しょうらい》のことも不安《ふあん》でいっぱい…

そうか そうか
キミたちも大変《たいへん》じゃのう
自分《じぶん》に自信《じしん》をもてれば、迷《まよ》いや不安《ふあん》を乗《の》り越《こ》えられるのじゃ
自信《じしん》って何《なに》?
どうやったら自信《じしん》がもてるの?
自信《じしん》とは
自分《じぶん》を信《しん》じる力《ちから》のことじゃよ
くわしくは次《つぎ》のページから見《み》ていこう
ハーイ
レッツゴーじゃ♪

1 章《しょう》

「自《じ》信《しん》」って、なんだろう？

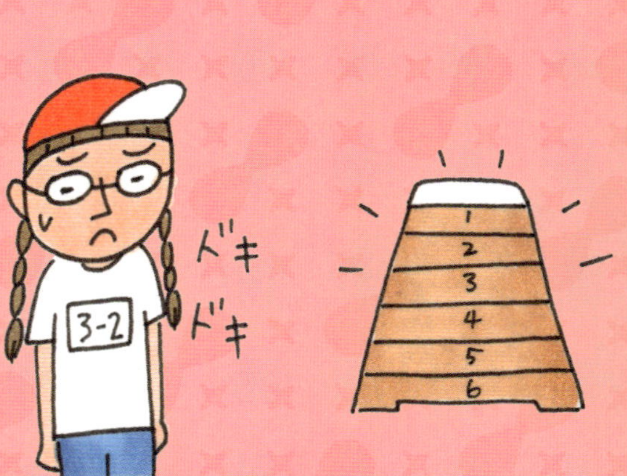

「自信《じしん》」って、どんな感《かん》じ？

どんなとき？

何《なに》かに成功《せいこう》したときや，うまくいったとき？

オール100点《てん》よ！
猛勉強《もうべんきょう》した結果《けっか》が出《で》てうれしい！

ヤッター！！
優勝《ゆうしょう》だ！

だれかにほめられたとき？

えらいわねー
ありがとう
いいえ・・・

すばらしい歌声《うたごえ》だわ！
音楽《おんがく》の先生《せんせい》にほめられてうれしい♪
音楽《おんがく》

自信《じしん》が ある って

人《ひと》とくらべて，自分《じぶん》のほうがスゴイとき？

好《す》きなことをしているとき？

どんなとき？

失敗《しっぱい》したときや，うまくいかなかったとき？

セリフ忘《わす》れちゃった！
真《ま》っ白《しろ》
学芸会《がくげいかい》
ザワ
ザワ
ザワ
ザワ

ガーン

だれかにしかられたとき？

また宿題《しゅくだい》忘《わす》れたの？
ハイ…
しゅーん

全然《ぜんぜん》ダメ！

自信《じしん》がなくなるって

人《ひと》とくらべて，自分《じぶん》のほうがダメなとき？

きよみちゃん、メガネとったら美人《びじん》！私《わたし》よりカワイイ？
目《め》にゴミが・・・

ガハハハハ
オレ最強《さいきょう》！
負《ま》けた・・・

苦手《にがて》なことをするとき？

次《つぎ》の発表《はっぴょう》はまさしくんね
人前《ひとまえ》で話《はな》すのは自信《じしん》ないなあ…

逆上《さかあ》がりできな～い！

も自分《じぶん》を信《しん》じる力《ちから》だよ！

くいかないと自信《じしん》がなくなってしまう」…。
なときでも自分《じぶん》を信《しん》じることなんだ。

自分《じぶん》を信《しん》じていないと…

新《あたら》しいことに
チャレンジするのが難《むずか》しい。

今度《こんど》一緒《いっしょ》に登山《とざん》しようよ
ムリムリ
えー

失敗《しっぱい》からなかなか
立《た》ち直《なお》れない。

ケーキ作《づく》りの才能《さいのう》ないかも…
失敗《しっぱい》しちゃった…

困《こま》ったときに人《ひと》に頼《たよ》ってしまい，
自分《じぶん》で決《き》められない。

どの人《ひと》がいいかわからない。アンナちゃん決《き》めてー
は？
ラブレター

自《じ》信《しん》とは，どんなとき

「うまくいっているときは自信《じしん》がわいて，
そう思《おも》うかな？ 実《じつ》は，本当《ほんとう》の自信《じしん》とは，

自分《じぶん》を信《しん》じていると…

新《あたら》しいことに
チャレンジしやすくなる。

できるかどうかわからないけど、やってみる！
いきなりフル装備《そうび》だな…

失敗《しっぱい》しても
前向《まえむ》きに考《かんが》えられる。

パフェにアレンジ♪
失敗《しっぱい》から生《う》まれたアイデアレシピ！
クリーム

困《こま》ったときも，
自分《じぶん》で考《かんが》えて決《き》められる。

この人《ひと》がいい！
あ、そう

きく育《そだ》てよう

なの中《なか》にあるよ。
で考《かんが》えて決《き》めたりすることで，
っていくんだ。

自《じ》信《しん》を

自信《じしん》の「種《たね》」は,
自分《じぶん》の気持《きも》ちを大切《たいせつ》にしたり,
自信《じしん》は大《おお》き

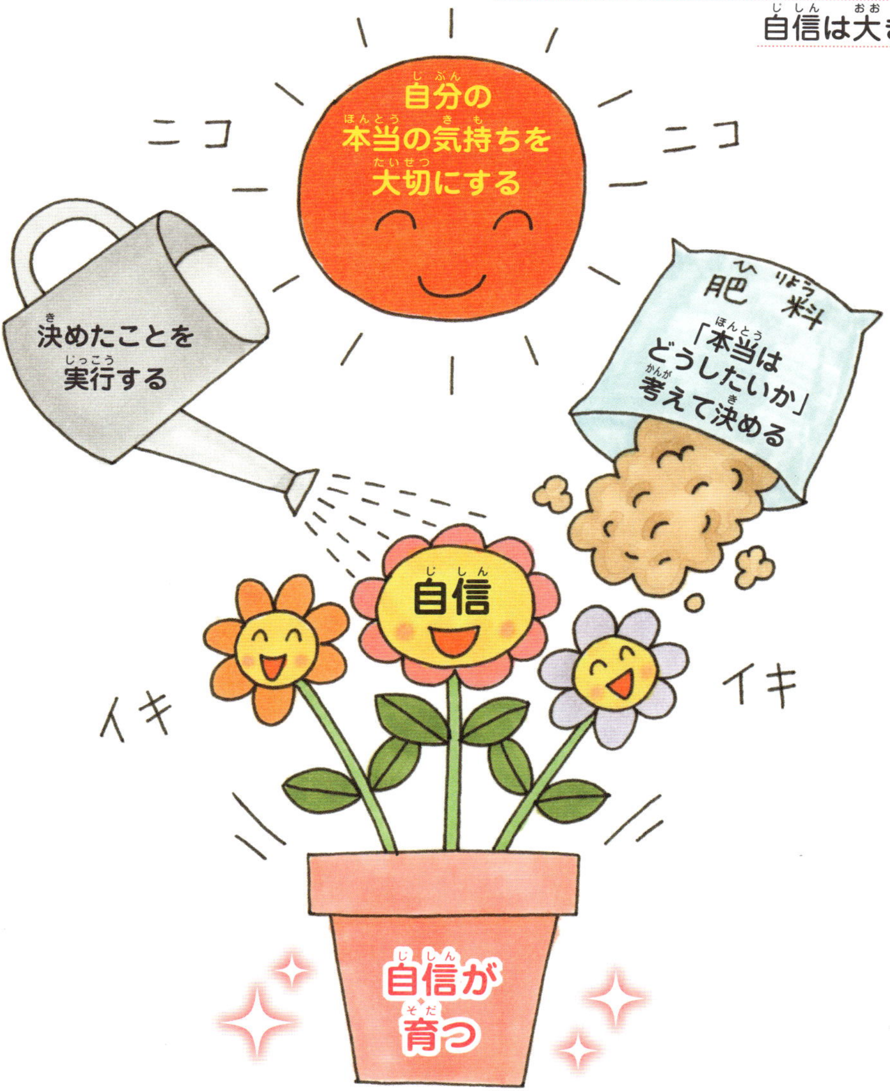

自信《じしん》の育《そだ》て方《かた》①

自分《じぶん》の気持《きも》ちを知《し》る

自分《じぶん》を信《しん》じるために，まず大切《たいせつ》なことは，「自分《じぶん》の気持《き も》ちを知《し》ること」だよ。どんなときも，自分《じぶん》がどう思《おも》うかを見《み》つめよう。

こんなとき どんな気持《きも》ち？

友《とも》だちとケンカしたとき

腹《はら》が立《た》つ
悲《かな》しい
きらい
オレの気《き》持《も》ちをわかってくれなくて腹《はら》が立《た》つ！ まさしなんかきらい！ でも、仲直《なかなお》りできないと悲《かな》しいなあ
なんだよ
お前《まえ》こそなんだよ

苦手《にがて》なことをしなければならないとき

こわい
緊張《きんちょう》
不安《ふあん》
跳《と》び箱《ばこ》とぶの、こわいよー。私《わたし》だけできなかったらどうしよう。不安《ふあん》だし、緊張《きんちょう》しちゃう
ドキドキ
3-2
1
2
3
4
5
6

みんなの前《まえ》でほめられたとき

歌《うた》をほめられてうれしい!
自慢《じまん》したい気持《きも》ち。
でもみんなに
注目《ちゅうもく》されるのは、
ちょっとはずかしいな

うれしい　はずかしい　自慢《じまん》したい

りなちゃん
歌《うた》すごく
上手《じょうず》だったねー!

好《す》きなことをしているとき

時代劇《じだいげき》、最高《さいこう》!
歴史《れきし》の本《ほん》も大好《だいす》き!
もっと知《し》りたくて
ワクワクするばい

楽《たの》しい　ワクワク

自分《じぶん》の心《こころ》の中《なか》の，いろんな気持《きも》ちに気《き》づくことが大事《だいじ》なんじゃ!

自信《じしん》の育《そだ》て方《かた》 ②

「本当《ほんとう》はどうしたいか」考《かんが》える

何《なに》かを決《き》めるとき，「親《おや》にすすめられたから」「友《とも》だちと同《おな》じでいたいから」という理由《りゆう》で決《き》めてしまうことがあるかもしれないね。そんなときも，自分《じぶん》は「本当《ほんとう》はどうしたいか」を考《かんが》えてみよう。

友《とも》だちにさそわれたとき

休《やす》み時間《じかん》、運動場《うんどうじょう》で遊《あそ》ぼうってさそわれてるけど…
ドッジボールしよう！
今日《きょう》は図書室《としょしつ》で読《よ》みたい本《ほん》があるの…。断《ことわ》ったらきらわれるかなあ

本当《ほんとう》は 本《ほん》が読《よ》みたい。

まわりの人《ひと》とちがうとき

いつも一人《ひとり》だけ着物《きもの》だから目立《めだ》ってる…
ジロ
ジロ
みんな洋服《ようふく》。オレだけ着物《きもの》で、へん？オレは着物《きもの》が好《す》きなんだけど…

本当《ほんとう》は 着物《きもの》が好《す》き。

だれかにすすめられたとき

実《じつ》は、卓球《たっきゅう》に興味《きょうみ》あるんだよね
サー!
母《かあ》ちゃんに言《い》われて水泳《すいえい》を習《なら》ってるんだけど…
水泳《すいえい》は大事《だいじ》よ!

本当《ほんとう》は **卓球《たっきゅう》がしたい。**

だれかに反対《はんたい》されたとき

お母《かあ》さんに反対《はんたい》されちゃった
ダメです はしたない!
ミニスカートがはきたいけど…

本当《ほんとう》は **ミニスカートがはきたい。**

たとえ自分《じぶん》のしたいようにできないときも，自分《じぶん》の「本当《ほんとう》の気持《きも》ち」を知《し》っていることが大切《たいせつ》じゃ！

自信《じしん》の育《そだ》て方《かた》③

考《かんが》え決《き》めたことをやってみる

「自分《じぶん》がどうしたいか」を考《かんが》えることができたら，それを実現《じつげん》するために行動《こうどう》に移《うつ》してみよう。

今日《きょう》、オレんちでゲームしようぜ！
今日《きょう》は楽《たの》しみにしていた鉄道雑誌《てつどうざっし》の発売日《はつばいび》なんだよなー
対戦《たいせん》しようぜー♪
断《ことわ》ったら、ひかるくん、怒《おこ》るかな。きらわれたらどうしよう…
もういい！まさしとは遊《あそ》ばない！
やっぱり勇気《ゆうき》を出《だ》して断《ことわ》ろう
さそってくれてありがとう。でもボク、今日《きょう》はほかにしたいことがあるんだ。本《ほん》を買《か》いに行《い》かなきゃ…
そーなの？残念《ざんねん》！
ホッ
自分《じぶん》の気持《きも》ちが言《い》えてよかった…

たとえ相手《あいて》の機嫌《きげん》が悪《わる》くなったとしても，自分《じぶん》の気持《きも》ちを大切《たいせつ》にして行《こう》動《どう》できれば，自信《じしん》が育《そだ》つんじゃ！

1〜3を くり返《かえ》すことで，**自信《じしん》が育《そだ》って いくよ！**

1 自分《じぶん》の気持《きも》ちを知《し》る

育《そだ》つ

2 自分《じぶん》はどうしたいか考《かんが》える

育《そだ》つ

3 考《かんが》えて決《き》めたことをやってみる

もしも思《おも》いどおりにできないときでも，「自分《じぶん》の本当《ほんとう》の気持《きも》ち」はどうなのか，考《かんが》える習慣《しゅうかん》をつけよう。

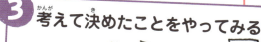

自分《じぶん》を信《しん》じられると… 1 いろんなことにチャレンジできる

自分《じぶん》を信《しん》じられないと…

けん玉《だま》得意《とく》なの♪
ヒョイ ヒョイ
すげー
かっこいい!
オレもやってみたい! けん玉《だま》、貸《か》して!
いいよ
やってみたら難《むずか》しい…
オレには無理《むり》みたい。できないやー
ハイありがとう
え、もういいの?
コツをつかめばできるようになるよ! もうちょっとやってみたら?
いや、いいよ
や～めた!
オレには才能《さいのう》ないんだ。りなちゃんとちがって…。だから無理《むり》だよ

しゅーん

失敗《しっぱい》から立《た》ち直《なお》るのが難《むずか》しく、すぐあきらめてしまう。

自分《じぶん》を信《しん》じられると…

やっぱりけん玉《だま》できるようになりたい。もう一度《いちど》チャレンジしてみよう
こうかな?
よいしょ
体《からだ》の力《ちから》を抜《ぬ》いて、玉《たま》をよく見《み》て!
失敗《しっぱい》しても何度《なんど》もチャレンジし続《つづ》け、とうとう…
おしい!
もうちょっとだ!
できた!
スポン!
やった! できたぞ! 見《み》て見《み》て~
待《ま》ちくたびれてくつろぎ中《ちゅう》
よ、よかったね…

失敗《しっぱい》しても前向《まえむ》きに考《かんが》えて，またチャレンジできる。

自分《じぶん》を信《しん》じる力《ちから》があれば，どんなときも自《じ》分《ぶん》で自分《じぶん》をはげまして前《まえ》に進《すす》むことができるんじゃ。

K

自分《じぶん》を信《しん》じられると…②
自分《じぶん》も、まわりも大切《たいせつ》にできる

自分《じぶん》を信《しん》じられないと…

← アイドルグループ「ハクマイビート2」（通称《つうしょう》ハクマイ）
Haku-My-Bt2
ハクマイ、かっこいいよね♥ りなちゃんはだれが好《す》き？
やっぱりダマちゃんだよね♥
本当《ほんとう》は、後《うし》ろで目立《めだ》たない寺《てら》っちが好《す》きだけど、そんなこと言《い》ったら変《へん》な子《こ》って思《おも》われちゃう
ここは話《はな》を合《あ》わせとこう
う、うん！ ダマちゃん最高《さいこう》だよね！
だよね
そうそう…
今度《こんど》の日曜《にちよう》のハイキング、おそろいでハクマイのT《ティー》シャツ着《き》ようよ！ これかわいいよねー
えっ
Haku-My
本当《ほんとう》は、ほかに着《き》たい服《ふく》があるんだけど… でも、そう言《い》われたら仕方《しかた》ない…
よかったー♪
いいね！
まわりに合《あ》わせて、本当《ほんとう》の気持《きも》ちが言《い》えないから、苦《くる》しい！

相手《あいて》の考《かんが》えを優先《ゆうせん》してしまい，自分《じぶん》の本当《ほんとう》の気持《きも》ちが伝《つた》えられず，苦《くる》しくなってしまう。

自分《じぶん》を信《しん》じられると…

私《わたし》はダマちゃんが好《す》き♥ りなちゃんは？
私《わたし》は寺《てら》っちが好《す》きなんだ～。目立《めだ》たないけど、ダンスも演技《えんぎ》も上手《じょうず》なのよね
へーそうなんだ
今度《こんど》のハイキング、おそろいのT《ティー》シャツ着《き》て行《い》こうよ！
Haku-My Bt2
それもステキだけど… 私《わたし》、この服《ふく》着《き》ようって決《き》めてるんだー。ごめんね
そっかー それもカワイイね！
Haku-My Bt2

自分《じぶん》の気持《きも》ちを相手《あいて》に伝《つた》えられる。自分《じぶん》の気持《きも》ちも，ほかの人《ひと》の気持《きも》ちも大切《たいせつ》にできる。

自分《じぶん》を信《しん》じられると，自分《じぶん》にも友《とも》だちにも優《やさ》しくできるんじゃ。

自分《じぶん》を信《しん》じられると…③
自分《じぶん》らしく、幸《しあわ》せに生《い》きられる

自分《じぶん》を信《しん》じる力《ちから》があれば，将来《しょうらい》の進路《しんろ》を考《かんが》えるときも，自分《じぶん》らしい道《みち》を選《えら》ぶことができるよ。キミが自分《じぶん》らしくイキイキと生《い》きていると，まわりの人《ひと》もきっとハッピーになるよ！

自分《じぶん》を信《しん》じられると…

未来《みらい》への扉《とびら》オープン！

未み来らい

失敗《しっぱい》しても自分《じぶん》で乗《の》り越《こ》えてチャレンジ！

私《わたし》は大丈夫《だいじょうぶ》！
もう一度《いちど》やってみよう
むくっ

失敗《しっぱい》するとあきらめてしまう

私《わたし》なんてダメ
二度《にど》とチャレンジしない

自分《じぶん》を信《しん》じられないと…

自分《じぶん》らしく，ハッピーな人生《じんせい》を歩《あゆ》むためにも，自分《じぶん》の中《なか》に「自信《じしん》」を育《そだ》てていくことが大切《たいせつ》なんじゃ。
まわりに流《なが》されず，自分《じぶん》の道《みち》を選《えら》べる
私《わたし》はこの道《みち》を行《い》くわ！
自分《じぶん》らしく生《い》きられる！
なりたい自分《じぶん》になれる！
まわりに流《なが》されて，自分《じぶん》で決《き》められない
みんなあっちへ行ってるし…
自分《じぶん》らしく生《い》きられない
私《わたし》、どうなりたかったんだっけ…

ボクも自信《じしん》がもてるようになりたいな
自分《じぶん》を信《しん》じて夢《ゆめ》をかなえたい！
では、自信《じしん》を育《そだ》てる冒険《ぼうけん》の旅《たび》に出《で》よう！
これが※宝《たから》の地図《ちず》じゃ。自分《じぶん》を信《しん》じる力《ちから》がもてると、宝《たから》が手《て》に入《はい》るぞ。４つの宝《たから》がすべてそろうと、どんな夢《ゆめ》でもかなうんじゃ
すごい
わ
第《だい》1ステージのミッションは「自分《じぶん》で決《き》める」じゃ！
わーい♪
地《ち》図《ず》
ハイ
さあ、変身《へんしん》して出発《しゅっぱつ》じゃ！
えいっ
たけぞうくんだけ服《ふく》が!?
レッツゴーじゃ！

※宝《たから》の地図《ちず》は8ページを見《み》てね！

2章《しょう》

自《じ》分《ぶん》を信《しん》じる力《ちから》

レベル 1

自《じ》分《ぶん》で決《き》める

落《お》ち着《つ》いて、自《じ》分《ぶん》の気《き》持《も》ちを感《かん》じよう

ここが第《だい》1ステージかー
計画的《けいかくてき》にまわって宝物《たからもの》を探《さが》しましょう
ぬーっ
わっ!
殺気《さっき》!
ガルルルルル
お前《まえ》たち一人《ひとり》ずつ食《く》ってやる~
キャーこわい
わー!
オレが倒《たお》すばい!
ムリよ、やめて~
ガルー!
早《はや》くあのどうくつへ!
ひかるくん!
死《し》んだふり…
待《ま》てー!
ハーイ♪
ガルルルルル
あ!ココロージ!
どうしよう~
わーん

怪物《かいぶつ》が〜
助《たす》けて!
みんな、落《お》ち着《つ》くのじゃ!
まーまー
困《こま》ったときは、まず気持《きも》ちを落《お》ち着《つ》けることが大事《だいじ》じゃ!心《こころ》が落《お》ち着《つ》くアイテムをさずけよう!
じゃいじゃーん
これは『しんこ球《きゅう》』じゃ!この球《たま》から出《で》る「気《き》」を深呼吸《しんこきゅう》して吸《す》い込《こ》むのじゃ!
フーー
なんだか気持《きも》ちが楽《らく》になったよ!
うん。気持《きも》ちが落《お》ち着《つ》いた気《き》がする!
ガルル
じゃあねー♪
さあ、みんなで作戦《さくせん》を立てよう!

たしかに困《こま》ったことやいやなことが起《お》きると、あわててしまうことが多《おお》いんだよね
人前《ひとまえ》に出《で》るとあせっちゃうし…
あわ
あわ
発表《はっぴょう》しないといけない状況《じょうきょう》なんて、大《だい》の苦手《にがて》!
失敗《しっぱい》したらどうしよう!
おなかが痛《いた》くなってきた…
あせったり、緊張《きんちょう》したりして、よけいうまくいかないんだ
まちがえた!
ハッ
やぶれた!

そんなときは，深呼吸《しんこきゅう》をして，心《こころ》が落《お》ち着《つ》く言葉《ことば》を言《い》ってみるといいぞ！
ボクは大丈夫《だいじょうぶ》!
落《お》ち着《つ》こう!

困《こま》ったことが起《お》きると，あわててしまうのは仕方《しかた》がないよ。そんなときも，心《こころ》を落《お》ち着《つ》けて，自分《じぶん》の気持《きも》ちを感《かん》じることが大切《たいせつ》なんだ。落《お》ち着《つ》くと，自分《じぶん》の本当《ほんとう》の気持《きも》ちを感《かん》じやすくなるよ。

あわてていると…

えっ
これ…
あわあわ

ガシャーン
逃《に》げろ！

本当《ほんとう》の自分《じぶん》の気持《きも》ちがわからないまま。

心《こころ》を落《お》ち着《つ》けると…

初《はじ》めてのことでびっくりしたなあ。でも、なんだかうれしいなあ

怒《おこ》られるのがこわいんだ。わざとやったわけじゃないし、正直《しょうじき》に話《はな》して謝《あやま》ろう

本当《ほんとう》の自分《じぶん》の気持《きも》ちがわかる。

自《じ》分《ぶん》は、どうしたい？

どうくつの中《なか》で作戦《さくせん》会議《かいぎ》中《ちゅう》
怪物《かいぶつ》はオレが倒《たお》す！
計画的《けいかくてき》にいきましょう
とりあえず出発《しゅっぱつ》しようよ
右《みぎ》へ行《い》くか左《ひだり》へ行《い》くか…
りなちゃんは、どう思《おも》う？
ん〜、わかんない〜
この道《みち》に逃《に》げたらどう？
みんなにまかせるよ
ちょっとお手洗《てあら》いへ…
あ！私《わたし》も！！
こらこら！人《ひと》に合《あ》わせてばかりなのはダメじゃ。人《ひと》まかせにしていると、自分《じぶん》の意見《いけん》がもてないぞ！
自分《じぶん》はどうしたいか考《かんが》えてみるのじゃ！
あ！
ココロージ！

そうか…じゃあ、考《かん》えてみる！
ぐー
怪物《かいぶつ》は今《いま》、眠《ねむ》ってるみたいね
でも入り口《ぐち》でジャマしてるから出《で》られない
ぐー
あら？ あの頭《あたま》についてる栓《せん》みたいなのは何《なに》かな？
そろ〜り
ぐー
りなちゃん…
あぶないよ
スポン!!
それはやめて！
しゅるるるるるるるる
うわーん
やられた〜
しぼんで小《ち》さくなっちゃった…
えーーっ
りなちゃん、すごい！
エヘ
強者《つわもの》…
やったね♪

私《わたし》って、自分《じぶん》がどうしたいかより、友《とも》だちに合《あ》わせちゃうことが多《おお》いのよね…
休《やす》み時間《じかん》
りなちゃん、一緒《いっしょ》にトイレ行《い》こう!
うん!
さっき行《い》ったけど…
昼休《ひるやす》み、ドッジボールしよう!
うん!
ホントは忍者《にんじゃ》ごっこがしたいなあ…
言《い》えないけど・・・

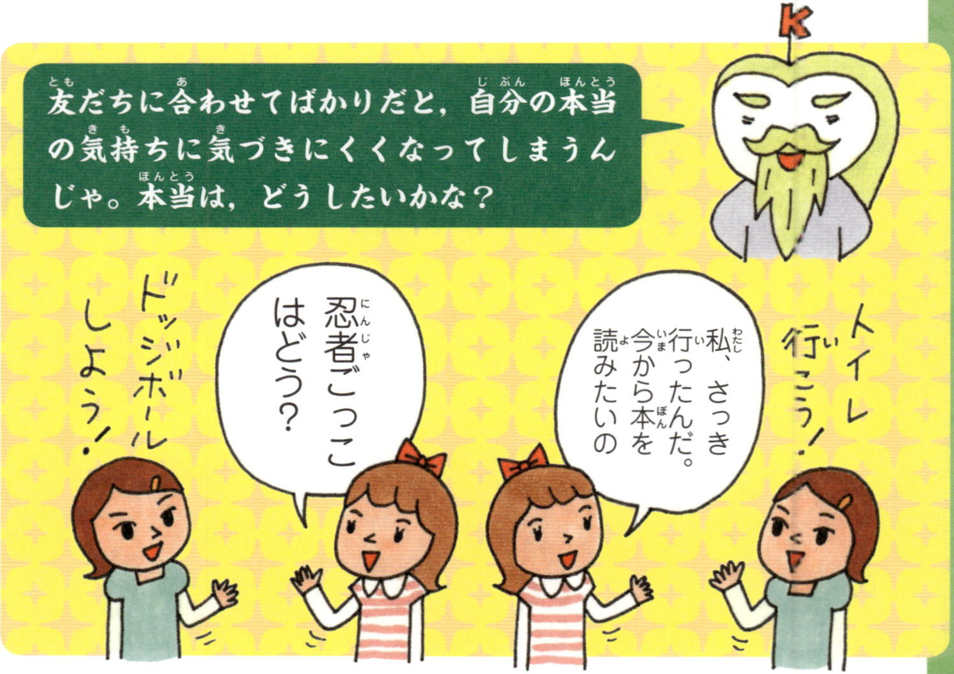
友《とも》だちに合《あ》わせてばかりだと，自分《じぶん》の本当《ほんとう》の気《き》持《も》ちに気《き》づきにくくなってしまうんじゃ。本当《ほんとう》は，どうしたいかな？
トイレ行《い》こう!
私《わたし》、さっき行《い》ったんだ。今《いま》から本《ほん》を読《よ》みたいの
忍者《にんじゃ》ごっこはどう?
ドッジボールしよう!

人《ひと》の意見《いけん》に合《あ》わせていると，自分《じぶん》の本当《ほんとう》の気持《きも》ちに気《き》づいたり，自分《じぶん》で考《かんが》えたりすることが難《むずか》しくなってしまうね。自信《じしん》を育《そだ》てるには，自分《じぶん》で考《かんが》え，自分《じぶん》の意見《いけん》をもつことが大切《たいせつ》なんだ。「自分《じぶん》は本当《ほんとう》はどうしたいか」を考《かんが》えよう。

学芸会《がくげいかい》の出《だ》し物《もの》ですが…
劇《げき》がいい！
賛成《さんせい》！
劇《げき》がいい人《ひと》が多《おお》いけど、私《わたし》の意見《いけん》は…
ハイ！
私《わたし》はファッションショーがいいと思《おも》います！
なぜなら…

どうして，友《とも》だちに合《あ》わせるかどうか悩《なや》んでしまうのかな？

友《とも》だちにきらわれたくない
VS
自分《じぶん》の好《す》きなことをしたい

心《こころ》の中《なか》に反対《はんたい》の気持《きも》ちがあるから，悩《なや》んでしまうんだね。

友《とも》だちと仲良《なかよ》くすることは，ステキなことじゃよ。お互《たが》いに自分《じぶん》の考《かんが》えを伝《つた》え合《あ》って，仲良《なかよ》くできるといいのう。

自分《じぶん》の気持《きも》ちに正直《しょうじき》になろう

冒険中《ぼうけんちゅう》も剣《けん》の練習《れんしゅう》をするたけぞう
ヤー!
素振《すぶ》り100回《かい》!
たけぞうくんって変《か》わってるよねー
…
座禅《ざぜん》で→
精神統一中《せいしんとういつちゅう》
冒険中《ぼうけんちゅう》なのに…
いつもマイペースよねー
そもそも、なんで着物《きもの》?
へんだよね
まさしもそう思《おも》うだろ?
え…
実《じつ》はボクは、そんなたけぞうくんをかっこいいと思《おも》っている!むしろあこがれている!たけぞうくんのようになりたいとまで思《おも》っているのだ!
(まさしの心《こころ》の声《こえ》)
でも!
いや、え～と…そうだね、ちょっと変《か》わってるかも…
だよねー
言《い》えない…

あーあ、こんなこと言《い》いたくなかったのに…
少年《しょうねん》よ…
あ！ ココロージ！
自分《じぶん》の本当《ほんとう》の気持《きも》ちにうそをついていると、苦《くる》しくなってしまうぞ！
そうなんだ。今《いま》、とても胸《むね》が苦《くる》しいんだ…。そうか、自分《じぶん》の気持《きも》ちに正直《しょうじき》になればいいんだね
よし！本当《ほんとう》の気持《きも》ちを言《い》うぞ！
たけぞうくんは、かっこいいよ！
たけぞうくーん！
ボクも仲間《なかま》に入《い》れて！
うお〜っ
集中《しゅうちゅう》できん！
二人《ふたり》で滝《たき》に打《う》たれてる…
すごいわ…

まわりの目《め》を気《き》にして意見《いけん》が言《い》えないことや、行動《こうどう》できないこと、よくあるかも！
たけぞうくんってかっこいいな…。でも、はずかしいから言《い》わないでおこう
電車《でんしゃ》が好《す》きだけど、友《とも》だちは興味《きょうみ》なさそうだからかくしておこう
お笑《わら》いコンテストに出《で》たいけど、目立《めだ》ちたがりやと思《おも》われたくないし…。やめておこう
小学生《しょうがくせい》
お笑《わら》いコンテスト
参加者募集《さんかしゃぼしゅう》！

まわりの目《め》を気《き》にして，正直《しょうじき》な気持《きも》ちにふたをしていると，本当《ほんとう》の自分《じぶん》が苦《くる》しくなってしまうんじゃ。
お笑《わら》いコンテストに出《で》たいんだー！
失敗《しっぱい》したらはずかしいし、目立《めだ》ちたがりやと思《おも》われたくないから、やめて〜

自分《じぶん》を信《しん》じるためには，自分《じぶん》の本当《ほんとう》の気持《きも》ちをかくしたり，ごまかしたりしないで，自分《じぶん》の気持《きも》ちに正直《しょうじき》でいることが大切《たいせつ》だよ。

たけぞうくん、かっこいい！
お笑《わら》いコンテストに出《で》たい！
電車《でんしゃ》が大好《だいす》き！

自分《じぶん》の気持《きも》ちに正直《しょうじき》でいると，自分自身《じぶんじしん》と仲良《なかよ》しでいられるね。

よし
よし
たけぞうくん、かっこいい！
電車《でんしゃ》が大好《だいす》き！
お笑《わら》いコンテストに出《で》たい！

K

自分《じぶん》と仲良《なかよ》しでいると，だんだん自信《じしん》が育《そだ》っていくぞ！

どうなったらうれしいか考《かんが》えよう

冒険《ぼうけん》、あきてきたなー。なんか、めんどうくさいし…。家《いえ》に帰《かえ》ってゲームしたいなー
木《き》の穴《あな》に、暗号《あんごう》を書《か》いた紙《かみ》を見《み》つけたわ！きっと宝《たから》のありかのヒントね！
暗号《あんごう》なんてめんどうくさい。解《と》けないよー
食料《しょくりょう》を探《さが》しましょう。たけぞうくんが魚《さかな》を釣《つ》ってくれるから、他《ほか》の人《ひと》は果物《くだもの》を…
オレやったことないし、ここで待《ま》っとく
朝《あさ》
ひかるくん起《お》きて！
今日《きょう》は、川《かわ》の向《む》こう岸《ぎし》まで歩《ある》くから、早《はや》く出発《しゅっぱつ》しないと！
ムニャムニャ
眠《ねむ》いよ～
急《いそ》いで！
まだ寝《ね》てたかったのに～
もう歩《ある》けない～
おなかすいた～
文句《もんく》を言《い》ってるだけでは何《なに》も解決《かいけつ》しないぞ！どうなったらうれしいか、考《かんが》えてみるのじゃ
うぃーん
あ、ココロージ！

ココロージの魔法《まほう》で、宝《たから》のありかまで連《つ》れてってよ！
そのつえでチョチョイと…
自分《じぶん》たちの力《ちから》で行かないと、宝《たから》は見《み》つからんぞ！
チェッ！しょうがない。自分《じぶん》で考《かんが》えてみるか
あ、そうだ！
近道《ちかみち》をするために川《かわ》をわたる舟《ふね》を作《つく》ったらどうかな？
いいね！いかだなら作《つく》れそう！
ナイスアイデア！
うむ！
いいと思《おも》う～
手伝《てつだ》ってよ～
ギコ
ギコ
ガンバレー
そして完成《かんせい》
すごーい♪
こぐのは、まさしね！
えっ

迷《まよ》っているときや困《こま》っているときには，その行動《こうどう》をとったらどうなるか，どんな気持《きも》ちになるか，考《かんが》えてみよう。どんな状態《じょうたい》になったら，いちばんうれしいかな？

こんなときどうする？　その１

宿題《しゅくだい》の途中《とちゅう》で，難《むずか》しい問題《もんだい》が出てきた。さあ，どうする？

❶あきらめて宿題《しゅくだい》をやめちゃう！	❷がんばって最後《さいご》までやってみる
そのときは，悩《なや》まなくてすむけど…	そのときは，考《かんが》えて悩《なや》まなければならないけど…
●勉強《べんきょう》の内容《ないよう》がよくわからないまま。 ●宿題《しゅくだい》をやりきれず，ゆううつな気持《きも》ち。	●勉強《べんきょう》の内容《ないよう》がよくわかる。 ●宿題《しゅくだい》をやり終《お》えて，すっきりした気持《きも》ち。

❶だといやな気分《きぶん》になっちゃう…。❷のほうが気分《きぶん》がいいな！

こんなときどうする？　その２

スケートに初挑戦《はつちょうせん》したいけど，失敗《しっぱい》するのがはずかしい。さあ，どうする？

やったことないし…

①挑戦《ちょうせん》しない

挑戦《ちょうせん》したかった気持《きも》ちが残《のこ》って，もやもや。

やっぱりやってみたかった…
シャー

②挑戦《ちょうせん》して成功《せいこう》

最高《さいこう》にうれしい気持《きも》ち！

シャー
オレ才能《さいのう》あるかも♪

③挑戦《ちょうせん》して失敗《しっぱい》

くやしいけど，挑戦《ちょうせん》できたからすっきり！

転《ころ》んじゃった
テヘ

②がいちばんうれしいけど，①より③のほうが，自分《じぶん》が納得《なっとく》できそう！

自分《じぶん》がどうしたいか考《かんが》えて，納得《なっとく》できる行《こう》動《どう》をすることが，自信《じしん》につながるんじゃ！

いろんな考《かんが》え方《かた》や方法《ほうほう》を知《し》ろう

分《わ》かれ道《みち》よ！どっちだろう？
こっちばい！
また分《わ》かれ道《みち》よ！
こっちばい！
本当《ほんとう》にこっちでいいの？ さっきからずっと右《みぎ》に進《すす》んでるけど…
また分《わ》かれ道《みち》よ
大丈夫《だいじょうぶ》！地図《ちず》だと右《みぎ》のほうが近《ちか》いばい
キケン
近《ちか》いけど、この道《みち》「キケン」って書《か》いてあるじゃない！
ういーん
困《こま》っているようじゃのう…
おかしい…
ココロージ！

迷《まよ》ったときや困《こま》ったときは、自分《じぶん》の考《かんが》えだけじゃなく、いろんな人《ひと》の意見《いけん》を参考《さんこう》にするのがよいぞ!
そうか…
ピー
ピピピ
なんだ?
小鳥《ことり》さん、右《みぎ》の道《みち》の先《さき》はどげんなっとるとね?
ピピ
え? がけ?
左《ひだり》の道《みち》から来《き》たタヌキさん、この先《さき》はどげんなっとる?
ほー、安全《あんぜん》ね!?
左《ひだり》の道《みち》へ行《い》くばい!
カッコイイ
動物《どうぶつ》と話《はな》せるんだ…
たけぞうくん、やっぱりナゾ!

自分《じぶん》で考《かんが》えているだけだと，１つの見方《みかた》にかたよってしまうことがあるね。いろんな人《ひと》の意見《いけん》を聞《き》いたり，情報《じょうほう》を集《あつ》めたりすると，視野《しや》を広《ひろ》げるのに役立《やくだ》つよ。物事《ものごと》には，いろんな見方《みかた》があることを知《し》るのが大切《たいせつ》なんだ。

ほかの人《ひと》の考《かんが》えを聞《き》いてみよう！

じいちゃんの誕生日《たんじょうび》プレゼント、何《なに》がよかやろか？
じいちゃんの好《す》きな甘《あま》いもんかな？
よし！みんなの考《かんが》えも聞《き》いてみるばい！
おじいさんの趣味《しゅみ》に関係《かんけい》あるものがいいと思《おも》うな～
物《もの》じゃなくてもいいんじゃない？お手伝《てつだ》いとか、肩《かた》たたきとか
インターネットで調《しら》べてみたら？参考《さんこう》になる情報《じょうほう》があるかも
サプライズパーティーがいいよ！盛《も》り上《あ》がるよ♪
自分一人《じぶんひとり》で考《かんが》えとったら、まんじゅうしか思《おも》いつかんかったばい
じいちゃんおめでとう！
ハイ！肩《かた》たたき券《けん》
ありがとう…
主役《しゅやく》
サプラーイズ♪
ゲストのひかる

いろんな考《かんが》え方《かた》や方法《ほうほう》があることを知《し》っているだけで，くじけそうになったときも，「何《なん》とかなる」と自分《じぶん》を信《しん》じることができるよ。

いろんな見方《みかた》をしてみよう！

実《じつ》は…将来《しょうらい》はモデルになりたいんだー
オシャレが好《す》きだからファッション関係《かんけい》の仕事《しごと》がしたいの！
モデルになるには、背《せ》が高《たか》くないとダメなんだよ。それに、その服《ふく》、ださいよ…
え…
ガーン
そうなの？それにださいって！
わ、私《わたし》が!?
カー
ショックで立《た》ち上《あ》がれない
でも！
見方《みかた》を変《か》えれば…
むくっ
背《せ》が低《ひく》いモデルだっていいじゃない！それに、ださいって個性的《こせいてき》ってことかも！もしもモデルになれなくても、ファッション関係《かんけい》の仕事《しごと》はいっぱいあるわ！
もっと夢《ゆめ》が広《ひろ》がったみたい♪

K

物事《ものごと》の解決方法《かいけつほうほう》は１つとは限《かぎ》らないんじゃ。視野《しや》を広《ひろ》げると，もっといい方法《ほうほう》が見《み》つかるかもしれんぞ。

考《かんが》えたことを実行《じっこう》しよう

あんなところにきれいな花《はな》が!
ほしいけど、あんなところまで登《のぼ》れないなー
もしボクが花《はな》をとってきてプレゼントしたら…
りなちゃんのことが好《す》き
りなちゃんこれどうぞ
私《わたし》のために?…
ありがとう
注《ちゅう》・まさし
よし!がけを登《のぼ》って花《はな》をとりに行《い》くぞー!
メラ
メラ
しかし…
近《ちか》くに来《き》たら結構《けっこう》高《たか》いなー

もし足《あし》をすべらせて落《お》ちたらケガするよなー
イタタ
がけの上《うえ》に怪物《かいぶつ》がいるかもしれないし…
ガオー
うぃーん
少年《しょうねん》よ、また迷《まよ》っておるな
ココロージジ!
やっぱりやめとこ
何《なに》かにチャレンジする前《まえ》は、不安《ふあん》でいっぱいになるものじゃ。なぜやりたくなったのか、思《おも》い出《だ》すとよいぞ!
そうだ…りなちゃんをよろこばせたい! 自分《じぶん》の勇気《ゆうき》を試《ため》すんだ!
うぉりゃ〜
ガッ
ガッ
ガッ
とったぞー!
ハァ ハァ
早《はや》くりなちゃんに!
あっ
ズデーン
ボキッ
折《お》れちゃったけど…
コレ…
あのがけを登《のぼ》るなんてすごーい! ありがとう♪

何《なに》かにチャレンジしようとしても、すぐ不安《ふあん》になってしまうんだ
お笑《わら》いコンテスト用《よう》に、最高《さいこう》に面白《おもしろ》いネタを考《かんが》えたぞ
ネタ帳《ちょう》
かぶり物《もの》もできたし、衣装《いしょう》も完璧《かんぺき》だ！
電車《でんしゃ》コント
でもボク、本番《ほんばん》に弱《よわ》いんだよな…
絶対《ぜったい》にウケないよ
失敗《しっぱい》するなら、やらないほうがいいかも
やっぱり無理《むり》だよ〜
新《あたら》しいことをするとき、不安《ふあん》を感《かん》じるのは自然《しぜん》なことじゃ。「やってみたい」と思《おも》った気持《きも》ちを大切《たいせつ》にして、チャレンジするのじゃ
ココロージ！
なんだか勇気《ゆうき》がわいてきた！練習《れんしゅう》がんばるぞ！
オレもお笑《わら》いが好《す》きばい。一緒《いっしょ》に漫才《まんざい》やろうぜ！
たけぞうくんが？すごくうれしい！

自分《じぶん》で決《き》めたことを実行《じっこう》するのは，勇気《ゆうき》がいるときもあるね。もし，予想《よそう》した結果《けっか》にならなくても大丈夫《だいじょうぶ》。うまくいかなかった経験《けいけん》から，もっといい方法《ほうほう》を思《おも》いつくかもしれないよ。「まずはやってみる」ことが，大切《たいせつ》なんだ。

お笑《わら》いコンテストに出場《しゅつじょう》
なんばしよっとねー！
ハハ
ハハ
ハハハ
終了後《しゅうりょうご》
次《つぎ》はもっと面白《おもしろ》いネタをつくるぞ！
あそこはいまいちウケんやったばい

「自分《じぶん》で決《き》めて，行動《こうどう》する」ことが，自信《じしん》につながるよ。ただし，自分《じぶん》でよく考《かんが》えたことなら，「今《いま》はチャレンジしない」「やめておく」と決《き》めても，まちがいではないよ。大切《たいせつ》なのは，自分《じぶん》で考《かんが》えて決《き》めることなんだ。

今週《こんしゅう》はちょっと稽古《けいこ》をがんばりすぎたばい…
漫才《まんざい》の練習《れんしゅう》もがんばったけんね
ハァ
ハァ
休養《きゅうよう》も大切《たいせつ》！
今日《きょう》はゆっくり休《やす》むばい

何《なに》かを「する」か「しない」か，最後《さいご》に決《き》めるのは，いつだってキミ自身《じしん》なんじゃよ！

えーと、今《いま》がここで南《みなみ》に向《む》かうわけだから
太陽《たいよう》の位置《いち》と歩《ある》く速度《そくど》から計算《けいさん》すると…
夕方《ゆうがた》6時《じ》ちょうどに、宝《たから》がある岬《みさき》に着《つ》くはず！
すげー！
そして夕方《ゆうがた》
岬《みさき》に着《つ》いたわ！今《いま》の時間《じかん》は…
えっ？6時《じ》5分《ふん》？
そんな！
おかしい！どこで計算《けいさん》まちがえたのかしら？もう一度《いちど》計算《けいさん》するから、ちょっと待《ま》って！
5分《ふん》くらいどうでもいいじゃん
思《おも》った結果《けっか》にならなくても、落《お》ち込《こ》む必要《ひつよう》はないぞ！自分《じぶん》で考《かんが》えて行動《こうどう》できたことが大切《たいせつ》じゃ。挑戦《ちょうせん》した自分《じぶん》をほめてあげよう！
え…

結果《けっか》よりも，「自分《じぶん》で考《かんが》えて行動《こうどう》できた」ことをほめよう！

1週間《しゅうかん》続《つづ》けられたぞ！
けいさん
計算
ドリル
ヤッター

優勝《ゆうしょう》はできなかったけど、やりたいことに挑戦《ちょうせん》できた！
子《こ》ども料理《りょうり》
コンテスト
10位

経験《けいけん》したことをふり返《かえ》ると，よかったことや，別《べつ》のアイデアに気《き》づけるよ。

もっとできそうだから1日《にち》2問《もん》に増《ふ》やしてみよう！
けいさん
計算
ドリル

ウナギとマンゴーは合《あ》わなかったなー
次《つぎ》はパイナップルでためしてみよう
ウナギマンゴー丼《どん》

ふだんから，自分《じぶん》で考《かんが》えて決《き》めて，行動《こうどう》することを心《こころ》がけてみよう！　そうすれば，だんだん自信《じしん》が育《そだ》っていくんじゃ。

あの灯台《とうだい》のどこかに宝《たから》があるはずよ！
よーし
探《さが》そう！
灯台《とうだい》の中《なか》
ん？
こんなところに小《ちい》さいトビラが！
どこにあるんだろう
カチャッ
あった！1つ目《め》の宝《たから》だ！
ヤッター♪
おめでとう！これはみんなが「自分《じぶん》で考《かんが》えて決《き》める」ことができるようになったあかしじゃ
しゅる
しゅる
しゅる
そんなとこから！
ココロージ！
でもまだ冒険《ぼうけん》は続《つづ》くぞ！次《つぎ》のミッションは「自分《じぶん》を知《し》る」じゃ
ハーイ！

3章《しょう》

自《じ》分《ぶん》を信《しん》じる力《ちから》

レベル2

自《じ》分《ぶん》を知《し》る

なぜ、自分《じぶん》を知《し》ることが大切《たいせつ》？

自分《じぶん》のことをよく知《し》らないと…

キライ！
なんでそんなことするの？
なんで泣《な》いてるの？
うわーん
オロ
オロ

- 自分《じぶん》の気持《きも》ちや行動《こうどう》が，よくわからない。
- 自分《じぶん》と仲良《なかよ》くするのが難《むずか》しい。

自分《じぶん》のことをよく知《し》っていると…

友《とも》だちに正直《しょうじき》に気持《きも》ちを話《はな》せてよかったね！
うん♪
友《とも》だちとケンカして悲《かな》しいね
うん…

- 自分《じぶん》の気持《きも》ちや行動《こうどう》が，よくわかる。
- 自分《じぶん》と仲良《なかよ》くできる。

自分《じぶん》のことをよく知《し》ると，自分《じぶん》と仲良《なかよ》くできるね。自分《じぶん》と友《とも》だちになると，不安《ふあん》なときや失敗《しっぱい》したときも，自分《じぶん》で自分《じぶん》をはげますことができるよ。

練習《れんしゅう》したから大丈夫《だいじょうぶ》！
緊張《きんちょう》…
日舞発表会《にちぶはっぴょうかい》
ドキ
ドキ
また次《つぎ》がんばろう！
ちょっと失敗《しっぱい》しちゃった

- 自分《じぶん》で自分《じぶん》をはげまして，がんばれる。
- 「何《なに》があっても，自分《じぶん》は大丈夫《だいじょうぶ》！」と思《おも》える。

↓

自信《じしん》が育《そだ》つ

自分《じぶん》はどんな人《ひと》かな？ いろんな面《めん》を知《し》っていこう。

好《す》きなものは…
私《わたし》ってどんな性格《せいかく》かな？
私《わたし》のいいところはどんなところ？

自分《じぶん》をよく知《し》り，自分《じぶん》のいちばんの親友《しんゆう》になって，自《じ》分《ぶん》を応援《おうえん》してあげるとよいぞ！

K

キミは、どんな性格《せいかく》かな？

この川《かわ》、浅《あさ》そうだから歩《ある》いてわたれそうね！
ブクブク
うん
ザパーン！
キャー
イヤー
ワニがいるんじゃ、わたれない！どうしたらいいかな…
そうだ！
木《き》にロープを結《むす》んで川《かわ》を飛《と》び越《こ》えたらどうかな？
ヤー
そんなの無理《むり》だよ～！落《お》ちたらどうするの？
面白《おもしろ》そう！やってやるぜ！燃《も》えてきたぞ！

こわーい! だれか 助《たす》けて! ねえ、一緒《いっしょ》に わたって〜
オレは ワニの背中《せなか》に乗《の》って いくばい
やめて!
早《はや》く行《い》こー
ムリだよー
まわりみちさがそう
意見《いけん》が バラバラで まとまらない じゃない!
性格《せいかく》はみんな ちがうからのう…。 困《こま》ったできごとの 解決方法《かいけつほうほう》も、 人《ひと》によって ちがうんじゃ
…そうかーって
ワニ!
みんなの気持《きも》ちは わかったわ
でも今《いま》は協力《きょうりょく》しないと! 私《わたし》の案《あん》にしたがってね!
わかったよ〜
みんな、 ついて来《き》て!
あ〜 ああ〜
その服《ふく》 どこから?

同《おな》じ場面《ばめん》でも，性格《せいかく》によって，感《かん》じることはちがうよ。

明日《あす》はテスト！

どうしよう、不安《ふあん》…
おなかいたい…
ま、なんとかなる♪

強敵《きょうてき》と対戦《たいせん》するとき

ムリ！
やーめた！
燃《も》えるばい！
絶対《ぜったい》勝《か》つ！

だれかがこっちを見《み》てヒソヒソ話《ばなし》をしているとき

ヒソヒソ
もしかして私《わたし》の悪口《わるくち》？
ヒソヒソ
ボクのうわさ話《ばなし》？
照《て》れるなあ

自分《じぶん》の性格《せいかく》や考《かんが》え方《かた》のくせを知《し》っていると，自分《じぶん》に合《あ》った解決法《かいけつほう》を見《み》つけるのに役立《やくだ》つよ。

ボクは不安《ふあん》になりやすいから…

気持《きも》ちを落《お》ち着《つ》けよう！

ボクはすぐあきらめてしまうから…

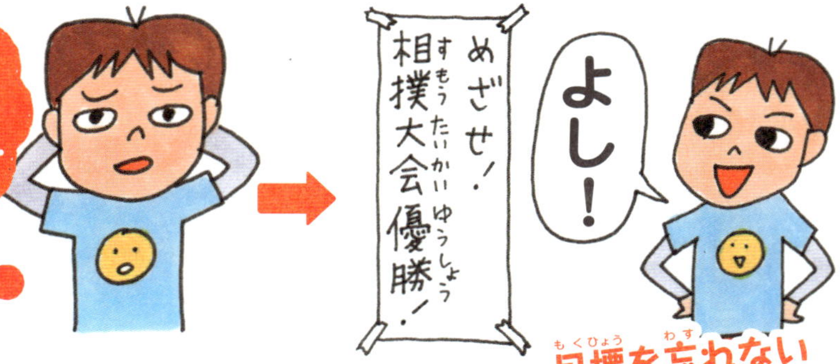

目標《もくひょう》を忘《わす》れないようにしよう！

私《わたし》は悪《わる》いほうへ考《かんが》えやすいから…

自分《じぶん》の思《おも》い込《こ》みに気《き》をつけよう！

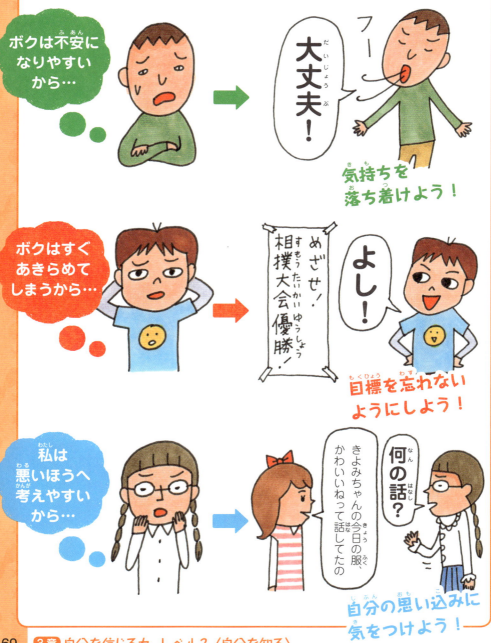

自分《じぶん》を知《し》る方法《ほうほう》 1
家族《かぞく》や友《とも》だちに聞《き》く

まさしくんから見《み》て、私《わたし》ってどんな性格《せいかく》だと思《おも》う?
ちょっとはずかしがりやで…
そうなんだよねー
ゆうべ寝言《ねごと》で「怪獣《かいじゅう》め、許《ゆる》さん!かかってこい!」ってさけんでたよ。かっこよかったー
えっ・・・
そうだなー、りなちゃんは優《やさ》しくて…
ふんふん
かっこいい!
え?どこが?
ガオー
ヤー
怪獣《かいじゅう》と戦《たたか》う夢《ゆめ》見《み》てたんだ
はずかしい…

自分《じぶん》の性格《せいかく》について，家族《かぞく》や友《とも》だちに聞《き》いてみよう。自分《じぶん》が思《おも》っていることとはちがう面《めん》を教《おし》えてもらえるかもしれないよ。

質《しつ》問《もん》の例《れい》

★○○ちゃんから見《み》て，ボクってどんな性格《せいかく》？

★お母《かあ》さんから見《み》た，私《わたし》のいいところを教《おし》えて！

性《せい》格《かく》調《ちょう》査《さ》シート

自分《じぶん》の名前《なまえ》を書《か》こう

小泉里菜《こいずみりな》 ってどんな人《ひと》？

聞《き》いた人《ひと》／聞《き》いたこと	家《か》族《ぞく》 お母《かあ》さん	友《とも》だち まさしくん
性《せい》格《かく》	おしゃべり好《ず》き・ 人前《ひとまえ》に出《で》るのは苦手《にがて》	優《やさ》しくて友《とも》だち思《おも》い・ はずかしがりやさん
得意《とくい》なこと	家《いえ》のお手伝《てつだ》い (特《とく》にお皿洗《さらあら》い)・ 歌《うた》を歌《うた》うこと	歌《うた》・けん玉《だま》・計算《けいさん》
好《す》きなもの・ 好《す》きなこと	アイドルのハクマイ・ 歌番組《うたばんぐみ》を見《み》ること	友《とも》だちとのおしゃべり
動物《どうぶつ》に たとえると？ (その理由《りゆう》は？)	小鳥《ことり》 (かわいい声《こえ》で歌《うた》うから)	リス (はずかしがりやな感《かん》じだから)

まわりの人《ひと》に聞《き》いたことを書《か》いてみよう！

「性格調査《せいかくちょうさ》シート」をダウンロードできるよ。
https://www.obunsha.co.jp/service/gakkou_jishin/

自分《じぶん》を知《し》る方法《ほうほう》②
自分《じぶん》の気持《きも》ちを観察《かんさつ》する

いろんなできごとが起《お》きたときに，自分《じぶん》の気持《きも》ちを観察《かんさつ》するくせをつけると，自分《じぶん》のことを知《し》るのに役立《やくだ》つよ。

まさしのギャグは面白《おもしろ》くないんだよ。電車《でんしゃ》ネタとかわかんねーし！
なんだと～
ひかるこそボクの高度《こうど》なギャグが理解《りかい》できないんだ！
むかつく！
ひかるのやつ!!
プンプン
今《いま》の気持《きも》ちをくわしく観察《かんさつ》してみるのじゃ！これを使《つか》って…
今日《きょう》の気持《きも》ち観察《かんさつ》シート？
気持《きも》ちの大《おお》きさをグラフにするのじゃ！
やってみる！
気持《きも》ちリスト
悲《かな》しい・不安《ふあん》・腹《はら》が立《た》つ・はずかしい・くやしい・うれしい・楽《たの》しい・ワクワク・びっくり…
できごと
ひかるとケンカした。
気持《きも》ち
0
50
100
腹《はら》が立《た》つ
後《こう》悔《かい》
悲《かな》しい

ひかるが悪口《わるくち》を言《い》うから腹《はら》が立《た》った！でも、ボクも言《い》いすぎちゃったな。ちょっと後悔《こうかい》してる…
自分《じぶん》のことをわかってもらえなくて悲《かな》しい気持《きも》ちもあるな…
やっぱりひかると仲良《なかよ》くしたい！
明日《あした》、自分《じぶん》から謝《あやま》ろう！
次《つぎ》の日《ひ》
昨日《きのう》はひどいこと言《い》ってごめん…
ボクのほうこそ言《い》いすぎたよ。ごめん…
ひかるから謝《あやま》ってくれて、びっくりした！
仲直《なかなお》りできて、とてもうれしい！
できごと
ひかると仲直《なかなお》りできた。
気持《きも》ち
0
50
100
うれしい
びっくり

「今日《きょう》の気持《きも》ち観察《かんさつ》シート」をダウンロードできるよ。
https://www.obunsha.co.jp/service/gakkou_jishin/

自分《じぶん》を知《し》る方法《ほうほう》③

性格診断《せいかくしんだん》テスト

自分《じぶん》に当《あ》てはまるものをチェックしてみよう！

A

アレか？コレか？
迷《まよ》う〜

- □ 失敗《しっぱい》するのがこわい。
- □ どちらにすればいいか，迷《まよ》うことがよくある。
- □ 先《さき》のことが予測《よそく》できないと，不安《ふあん》だ。
- □ 行動《こうどう》するまでに時間《じかん》がかかる。
- □ 決《き》まりやルールは，きちんと守《まも》る。
- □ リーダーになるのは苦手《にがて》だ。
- □ やらなければいけないことを，先のばしにしてしまうことがある。

B

みんなと
一緒《いっしょ》がいいな

- □ 友《とも》だちと一緒《いっしょ》にいるのが好《す》き。
- □ 大事《だいじ》なことは自分《じぶん》で決《き》めるより，だれかに決《き》めてもらいたい。
- □ 人《ひと》に何《なに》かを頼《たの》まれると，断《ことわ》れない。
- □ 友《とも》だちにきらわれたくない。
- □ 人《ひと》にどう思《おも》われるかが気《き》になる。
- □ 困《こま》っている人《ひと》を見《み》ると，助《たす》けたくなる。
- □ 友《とも》だちに感謝《かんしゃ》されると，うれしい。

C

ま、いっか♪

□ 細《こま》かいことは気《き》にしない。
□ 三日坊主《みっかぼうず》で，物事《ものごと》が続《つづ》かない。
□ あきらめが早《はや》い。
□ 楽《たの》しいことや，楽《たの》しい話《はなし》が好《す》き。
□ いやなことがあっても，すぐ忘《わす》れる。
□ 先《さき》のことをあまり心配《しんぱい》しない。
□ 物事《ものごと》の明《あか》るい面《めん》を見《み》るほうだ。

D

ピシッ！

□ ルールは必《かなら》ず守《まも》るべきだと思《おも》う。
□ 正《ただ》しいことをしたいと思《おも》う。
□ 目標《もくひょう》に向《む》かって努力《どりょく》している。
□ 細《こま》かいことが気《き》になる。
□ もっと良《よ》い人間《にんげん》になりたいと思《おも》う。
□ 自分《じぶん》のことがあまり好《す》きではない。
□ 自分《じぶん》のミスも，他人《たにん》のミスも許《ゆる》せない。

E

オレはオレ

□ まわりの人《ひと》が自分《じぶん》をどう思《おも》うか，気《き》にならない。
□ まわりの人《ひと》に合《あ》わせるのが苦手《にがて》。
□ 友《とも》だちと遊《あそ》ぶより，一人《ひとり》で好《す》きなことをしていたい。
□ 迷《まよ》ったときは，自分《じぶん》で考《かんが》えて決《き》める。
□ 好《す》きなことをじゃまされるのがいやだ。
□ 困《こま》ったことは，自分《じぶん》だけで解決《かいけつ》しようとする。
□ 人《ひと》に相談《そうだん》することは，あまりない。

Ⓐ〜Ⓔのどれがいちばん多《おお》かったかな？

K

キミはどのタイプ？

A が多《おお》かったキミは… コツコツキャラ

心配《しんぱい》しすぎて
悪《わる》いほうへ考《かんが》えて
しまうんだ

特《とく》徴《ちょう》

- 心配性《しんぱいしょう》
- 慎重《しんちょう》に行動《こうどう》する
- コツコツ努力《どりょく》する
- 新《あたら》しいことに挑戦《ちょうせん》するのが苦手《にがて》

困《こま》りごとのタイプ❶
心配《しんぱい》・不安《ふあん》になりやすい

78ページへ

B が多《おお》かったキミは… みんなと仲《なか》良《よ》しキャラ

自分《じぶん》がどう思《おも》うか
より、まわりに
合《あ》わせてしまうの

特《とく》徴《ちょう》

- 優《やさ》しく親切《しんせつ》
- みんなと一緒《いっしょ》にいるのが好《す》き
- まわりに流《なが》されやすい
- 一人《ひとり》で行動《こうどう》するのが苦手《にがて》

困《こま》りごとのタイプ❷
人《ひと》にどう思《おも》われるか気《き》になる

82ページへ

C が多《おお》かったキミは… どうにかなるさキャラ

一《ひと》つのことを
コツコツ続《つづ》ける
のが苦手《にがて》なんだ

特《とく》徴《ちょう》

- のんきで楽天的《らくてんてき》
- 行動力《こうどうりょく》がある
- 熱《ねっ》しやすく，さめやすい
- コツコツ続《つづ》けるのが苦手《にがて》

困《こま》りごとのタイプ❸
続《つづ》けるのが苦手《にがて》

86ページへ

A B C D E

D が多《おお》かったキミは…
学級委員《がっきゅういいん》キャラ

本当《ほんとう》はあまり
自信《じしん》がないの。
自分《じぶん》はダメだと
思《おも》っちゃう

特《とく》徴《ちょう》

- まじめで努力家《どりょくか》
- きっちりしているのが好《す》き
- ルールを守《まも》り，みんなにも守《まも》らせる
- 失敗《しっぱい》すると落《お》ち込《こ》みやすい

困《こま》りごとのタイプ④
自分《じぶん》が好《す》きになれない
90ページへ

E が多《おお》かったキミは…
一匹狼《いっぴきおおかみ》キャラ

一人《ひとり》で行動《こうどう》する
のが好《す》き。
人《ひと》に合《あ》わせるのは
苦手《にがて》ばい

特《とく》徴《ちょう》

- 個性的《こせいてき》
- 一人《ひとり》で行動《こうどう》するのが好《す》き
- 人目《ひとめ》を気《き》にしない
- みんなと協力《きょうりょく》するのが苦手《にがて》

困《こま》りごとのタイプ⑤
人《ひと》と関《かか》わるのが苦手《にがて》
94ページへ

キミは，どのタイプに近《ちか》い？
性格《せいかく》によって，困《こま》っていることもちがうんじゃ。
次《つぎ》のページから，一緒《いっしょ》に対策《たいさく》を考《かんが》えよう。

困《こま》りごとのタイプ 1 心配《しんぱい》・不安《ふあん》になりやすいキミは…

夕食《ゆうしょく》の準備《じゅんび》を始《はじ》めましょう
オレは魚《さかな》を・・・
じゃあオレ、まきを拾《ひろ》ってくるよ
私《わたし》は野菜《やさい》を切《き》っておくわね
私《わたし》も一緒《いっしょ》にやるー！
デザートがほしいな。まさしくん、フルーツとってきてくれない？
おねがい♥
え、ボクが？
できるかなあ、不安《ふあん》だなあ
トボトボ
もし動物《どうぶつ》におそわれたらどうしよう
ガオー
ん？
わ！おばけー！

りなちゃんがデザート楽《たの》しみにしてるけど…こんな責任重大《せきにんじゅうだい》な任務《にんむ》、ボクには無理《むり》だ〜!
慎重《しんちょう》なのはよいが、心配《しんぱい》しすぎると前《まえ》に進《すす》めなくなるのう
だってこわいんだもん…
ヒック
ヒック
そんな心配性《しんぱいしょう》のキミにいいものをあげよう。『心配《しんぱい》NO《ノー》メガネ』!これをかけてみるのじゃ
うん…
キョロ
キョロ
さっきの!?
おばけに見《み》えたのは木《き》だったのか…この森《もり》には、こわい動物《どうぶつ》もいないみたいだ
ホッ
メガネ?
おまたせー
ありがとう!
すごーい

ふだんから、何《なに》かをするときにすぐ不安《ふあん》になってしまうんだ
今日《きょう》はテストかー。できなかったらどうしよう
緊張《きんちょう》のあまりおなかが痛《いた》くなってきた…
イタタ
大丈夫《だいじょうぶ》？
人前《ひとまえ》に出《で》るときもすごく緊張《きんちょう》するんだ
もし転《ころ》んだらどうしよう
おならが出《で》たらどうしよう
先《さき》のことを慎重《しんちょう》に考《かんが》えるのは、よいことじゃ。でも不安《ふあん》になりすぎると、本当《ほんとう》の力《ちから》が発揮《はっき》できないこともあるんじゃ
不安《ふあん》をなくすには、どうすればいいの？
無理《むり》になくそうとしなくてもよいぞ。不安《ふあん》な自分《じぶん》の気持《きも》ちに気《き》づくことが大切《たいせつ》じゃ
ボクは今《いま》、不安《ふあん》になっている…

不安《ふあん》になるのは，「悪《わる》いほうへ考《かんが》えてしまう」くせがついているからかもしれないね。「また悪《わる》いほうへ考《かんが》えてしまっているな」と気《き》づけたら，大丈夫《だいじょうぶ》！

悪《わる》いほうへ考《かんが》えて，心配《しんぱい》しすぎていることに気《き》づく。

絶対《ぜったい》に失敗《しっぱい》する！
ボクには無理《むり》だ

本当《ほんとう》はどうかな？と考《かんが》えてみる。

失敗《しっぱい》するかもしれないし、成功《せいこう》するかもしれない
やってみなければわからない！

気持《きも》ちが楽《らく》になって，行動《こうどう》しやすくなる。

心配《しんぱい》しすぎても仕方《しかた》がないな
まずはやってみよう！

深呼吸《しんこきゅう》することや，気持《きも》ちを落《お》ち着《つ》かせる言葉《ことば》を言《い》うことも，不安《ふあん》を減《へ》らすのに役立《やくだ》つよ。

きっと大丈夫《だいじょうぶ》！
リラックスしよう

気持《きも》ちを落《お》ち着《つ》けられれば，いろんなことにチャレンジしやすくなって，自信《じしん》につながるぞ。

困《こま》りごとのタイプ②
人《ひと》にどう思《おも》われるか気《き》になるキミは…

ごちそうさまでした
りなちゃん、もうおしまい？おかわりは？
ひかえめだなー
本当《ほんとう》はまだ食《た》べたいけど、大食《おおぐ》いなのがバレたらイヤ！かわいい女《おんな》の子《こ》に見《み》られたいの
（りなの心《こころ》の声《こえ》）
そうだ！気分転換《きぶんてんかん》にパーティーしようよ
おなかすいた
りなちゃん、何《なに》か歌《うた》ってよ！
いいねー
そんなあ、はずかしい～
（ホントは歌《うた》うの大好《だいす》きだけど）
じゃあオレが歌《うた》うばい！
たけぞうくん!?
その夜《よる》
怪物《かいぶつ》の声《こえ》？
おなかがすいて眠《ねむ》れないよ～

ココロージ！
あー、おなかすいた…
なんだかつらそうじゃのう…
人《ひと》からどう思《おも》われるか気《き》にしすぎると、自分《じぶん》の気持《きも》ちがわからなくなってしまうかもしれんぞ！「自分《じぶん》はどうしたいか」を大切《たいせつ》にするのじゃ！
そうか、そうだよねー
よし！
自分《じぶん》の気持《きも》ちに正直《しょうじき》になるわ！人《ひと》にどう思《おも》われても私《わたし》は私《わたし》！
おかわりしようっと♪
すげー5杯目《はいめ》じゃん
りなのコンサートへようこそ♪
ララララ〜♪
イエイイエイ
うまーい
イエーイ
その夜《よる》
りなちゃん今夜《こんや》もイビキがすごいな
本人《ほんにん》は知《し》らない
フガー
フガー

話《はな》し合《あ》いのときや友《とも》だちと一緒《いっしょ》にいるとき、どう思《おも》われるか気《き》になって本当《ほんとう》の気持《きも》ちが言《い》えないことがあるの
ムシャ
ムシャ
あーおなかすいた
Ooo。
主役《しゅやく》のお姫様役《ひめさまやく》をやりたい人《ひと》！りなちゃんどうですか？
いいんじゃない？
えー、私《わたし》が主役《しゅやく》なんて…木《き》の役《やく》がいいです
私《わたし》スイーツ大好《だいす》き♪特《とく》にプリン！りなちゃんが好《す》きな食《た》べ物《もの》って何《なに》？
私《わたし》もプリン好《す》き♪
人目《ひとめ》を気《き》にして、自分《じぶん》の本当《ほんとう》の気持《きも》ちを無視《むし》しているのではないかな？立《た》ち止《ど》まって「自分《じぶん》は本当《ほんとう》はどうしたいか」を考《かんが》えてみるとよいぞ
本当《ほんとう》は主役《しゅやく》をやってみたい！
スイーツより珍味《ちんみ》が好《す》きなの。一番好《いちばんす》きなのはイカの塩辛《しおから》！
イカの塩辛《しおから》おいしいなー大大大大《だいだいだいだい》大好《だいす》きよ～♪
そうなんだ
意外《いがい》…

どうして人目《ひとめ》が気《き》になるのかな？

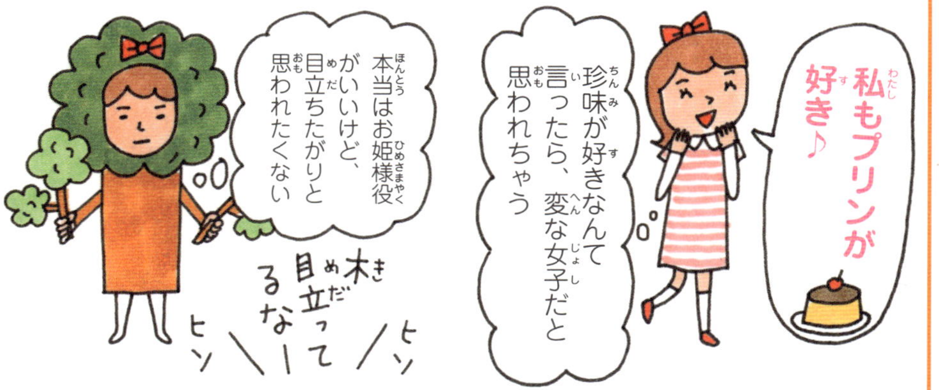
本当《ほんとう》はお姫様役《ひめさまやく》がいいけど、目立《めだ》ちたがりと思《おも》われたくない
木《き》目《め》立《だ》ってるな
ヒソ
ヒソ
珍味《ちんみ》が好《す》きなんて言《い》ったら、変《へん》な女子《じょし》だと思《おも》われちゃう
私《わたし》もプリンが好《す》き♪

「いい子《こ》だと思《おも》われたい」「きらわれたくない」「変《へん》だと思《おも》われたくない」などの気持《きも》ちがあるんだね。

立《た》ち止《ど》まって「自分《じぶん》の本当《ほんとう》の気持《きも》ち」を考《かんが》えよう

本当《ほんとう》は何《なに》がしたい？
本当《ほんとう》はどう思《おも》う？

「人《ひと》からどう思《おも》われるか」よりも，「自分《じぶん》はどう思《おも》うか」を大切《たいせつ》にして行動《こうどう》すると，自信《じしん》が育《そだ》っていくよ。

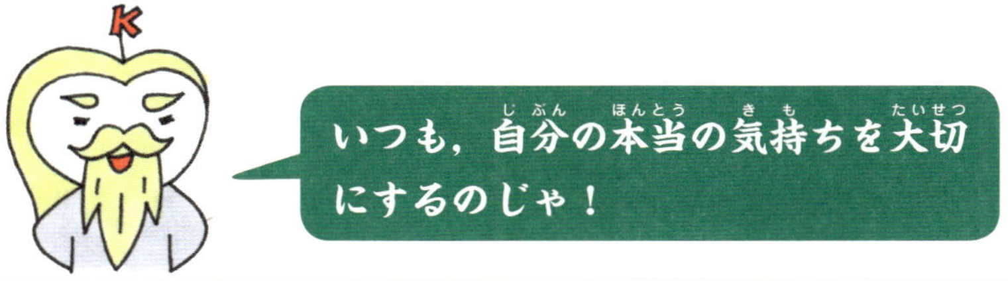
いつも，自分《じぶん》の本当《ほんとう》の気持《きも》ちを大切《たいせつ》にするのじゃ！

困《こま》りごとのタイプ③
続《つづ》けるのが苦手《にがて》なキミは…

この風《かぜ》は…嵐《あらし》が来《く》るばい
大《たい》変《へん》!
嵐《あらし》が来《く》る前《まえ》に…
役割分担《やくわりぶんたん》して準備《じゅんび》しましょ
はーい
食料集《しょくりょうあつ》め(魚《さかな》)
たきぎ拾《ひろ》い
ろうそく作《づく》り
テントの補強《ほきょう》
役割分担《やくわりぶんたん》、決定《けってい》!
食料集《しょくりょうあつ》め(きのこ)
たきぎ拾《ひろ》いあきたー
もう10本《ぼん》も拾《ひろ》ったからいいよね
オレもきのこ狩《が》りやりたい!

きのこ全然《ぜんぜん》見《み》つからなくてつまんない
そんなすぐには見《み》つからないよー
ろうそく作《づく》りのほうが面白《おもしろ》そう!
油《あぶら》をこうやって固《かた》めて…
なんだかめんどうくさいな…
釣《つ》りのほうが面白《おもしろ》そう!
たけぞうくんばかり・・・
全然《ぜんぜん》釣《つ》れなくてつまんない
やーめた
ヤレヤレ
何事《なにごと》にも興味《きょうみ》をもつのはよいが、一《ひと》つのことをやりとげるのも大切《たいせつ》じゃよ!
何《なん》でもすぐに投《な》げ出《だ》して! たきぎ100本《ぽん》集《あつ》めるまで帰《かえ》ってきちゃダメ!
ひー、わかりました〜

ふだんから、決《き》めたことをなかなか続《つづ》けられないんだ
Ooo
夏休《なつやす》み最初《さいしょ》の日《ひ》
よし！今年《ことし》の夏休《なつやす》みは宿題《しゅくだい》を早《はや》めに終《お》わらせるぞ！
計画表《けいかくひょう》できた！
夏休《なつやす》み計画表《けいかくひょう》
〜7/31 こくご・さんすう
〜8/10 りか・しゃかい
〜8/20 え・さくぶん
〜8/30 あそぶ
明日《あした》からがんばろう！
次《つぎ》の日《ひ》
暑《あつ》いなー、今日《きょう》は休《やす》もう
8月初《がつはじ》め
今日《きょう》はプールだ！
8月中頃《がつなかごろ》
なんか忘《わす》れてるような…ま、いいか
夏休《なつやす》み最後《さいご》の日《ひ》
どうしよう〜
宿題全然《しゅくだいぜんぜん》終《お》わってない！

自分《じぶん》で決《き》めたことを途中《とちゅう》でやめてしまうと…

早寝《はやね》早起《はやお》き
今年《ことし》の目標《もくひょう》！
がんばるぞ！

「できなかった」という気持《きも》ちが残《のこ》って、気分《きぶん》がよくないね。

自分《じぶん》で決《き》めたことを最後《さいご》までやりとげると…

フガー
ZZZ
早《はや》く寝《ね》……寝《ね》てる!
おはよう
自分《じぶん》で起《お》きられるようになったぞ!
まあ!

「やりとげられた」という達成感《たっせいかん》がわいて,「自分《じぶん》は,できるんだ」という気持《きも》ちが育《そだ》っていくよ。

続《つづ》けるのが苦手《にがて》なキミも,やり方《かた》を工夫《くふう》すれば,きっと続《つづ》けられるよ。

毎日《まいにち》ちょっとずつやってみる。

1日《にち》4問《もん》ずつならできるかも!

続《つづ》けられたら,ちょっとごほうび。

一週間続《いっしゅうかんつづ》けられたら、ひかるの好《す》きな夕食《ゆうしょく》を作《つく》ってあげる
よし! がんばるぞ!

何《なに》かを最後《さいご》までやりとげることは,大《おお》きな自信《じしん》につながるのじゃ。

困《こま》りごとのタイプ④
自分《じぶん》が好《す》きになれないキミは…

きのこはこれくらいでいいかな…
わ！木《き》の実《み》がたくさん！
あっちに木《き》の実《み》がたくさんなってる場所《ばしょ》があるよ！
保存用《ほぞんよう》に、みんなで木《き》の実《み》を集《あつ》めましょう！
届《とど》かな～い
たけぞうくん取ってー
まかせんしゃい！
りなちゃんは女《おんな》の子《こ》らしくていいなー
ハッ
グラッ
キャッ
ザプ！
あ～あ、私《わたし》なんて背《せ》が高《たか》すぎだしかわいくないし、実《じつ》はドジだし…
木《き》の実《み》全部《ぜんぶ》流《なが》れちゃった…
こんな私《わたし》、大《だい》きらい！

自分《じぶん》の悪口《わるくち》を言《い》うと、自分《じぶん》の心《こころ》を傷《きず》つけてしまうぞ。自分《じぶん》のいいところを見《み》つめるのじゃ
自分《じぶん》のいいところが見《み》える鏡《かがみ》『ヨイトコミラー』じゃ！のぞいてごらん
おなかいたい・・・
大丈夫《だいじょうぶ》？あっちで休《やす》んで！
トイレついてきて～
いいよー
頼《たよ》りになるー
私《わたし》…こんなにいいところがあったのね…
料理《りょうり》うまかー
みんな…
川《かわ》に落《お》ちて木《き》の実《み》が流《なが》れちゃったの。ごめんなさい…
キッ
き、きよみちゃん？
だれだ？この美《うつく》しかオナゴは
カワイイ

自分《じぶん》はダメだなあって落《お》ち込《こ》んでしまうことがよくあるの。自分《じぶん》のことが好《す》きになれないの
Ooo
テスト100点《てん》じゃなかった… 私《わたし》のバカ! 跳《と》び箱《ばこ》も跳《と》べなかったし…
きよみ〜!
お姉《ねえ》ちゃん!
高校生《こうこうせい》のきよみの姉《あね》「なるみ」
美人《びじん》でスポーツ万能《ばんのう》でテストもいつも100点《てん》のお姉《ねえ》ちゃんにくらべたら私《わたし》なんて…
一緒《いっしょ》に帰《かえ》ろう!
どうしてこんなにさえないの? 背《せ》が高《たか》すぎるのもイヤだし…
ういーん
そこの悩《なや》める少女《しょうじょ》よ
キミにはいいところがたくさんあるぞ。人《ひと》とくらべたり自分《じぶん》の悪口《わるくち》を言《い》ったりせずに、自分《じぶん》のいいところに目《め》を向《む》けるのじゃ
まじめに努力《どりょく》できる!
人前《ひとまえ》で堂々《どうどう》と話《はな》せる!
料理《りょうり》や裁縫《さいほう》が得意《とくい》!
私《わたし》のいいところ結構《けっこう》ある♪
そういえば、こんなこと言《い》われたっけ…
きよみが作《つく》ってくれたマスコット、友《とも》だちにカワイイってほめられたよ♥
うれしい♪

自分《じぶん》と仲良《なかよ》しでいよう

私《わたし》のバカ！
しく
しく

大好《だいす》き♥

自分《じぶん》の悪口《わるくち》を言《い》うと，自分《じぶん》と仲良《なかよ》くできないね。自分《じぶん》を大切《たいせつ》にして，自分《じぶん》を好《す》きでいよう。

好《す》きなこと，得意《とくい》なことをしよう

できた！
明日《あした》
学校《がっこう》に
着《き》ていこうかな♪

イエーイ♪

自分《じぶん》の好《す》きなことや得意《とくい》なことに打《う》ち込《こ》んでいると，自分《じぶん》を好《す》きな気持《きも》ちがどんどん育《そだ》っていくよ。

自分《じぶん》を好《す》きな気持《きも》ちが，自信《じしん》につながるのじゃ。

困《こま》りごとのタイプ 5
人《ひと》と関《かか》わるのが苦手《にがて》なキミは…

ゴオオオオオオ
テントの中《なか》
ほんとに嵐《あらし》来《き》たね
準備《じゅんび》しとりてよかったね
あれ? たけぞうくんは?
こわ〜い
外《そと》にいる!
自分《じぶん》をきたえるチャンスばい! かかってきんしゃい!
嵐《あらし》のときに一人《ひとり》で修行《しゅぎょう》しないで!
ってか、ふんどし?
次《つぎ》の朝《あさ》
晴《は》れたね♪
嵐《あらし》で木《き》が倒《たお》れてる! 行《い》けるかなあ…
…ってアレ?
たけぞうくん! 待《ま》って!
ヒョイ
スタスタ

大《おお》きな水《みず》たまり！困《こま》ったな…
…ってアレ？
たけぞうくん、一人《ひとり》でどんどん行《い》かないで！
ザブザブ
少年《しょうねん》よ、みんなで協力《きょうりょく》することも大切《たいせつ》じゃ。仲間《なかま》と一緒《いっしょ》だと、一人《ひとり》ではできないことも体験《たいけん》できるぞ
……
ばってん、オレは一人《ひとり》でやりたい…
たけぞうくーん！
実《じつ》はお願《ねが》いがあって…ボクに剣道《けんどう》教《おし》えてくれない？
たけぞうくんみたいに強《つよ》くなりたい
お、おう よかばい…
その調子《ちょうし》！
ヤー
二人《ふたり》で剣道《けんどう》をするのも楽《たの》しい！

オレは一人《ひとり》で行動《こうどう》するのが好《す》き。ほかの人《ひと》にあまり興味《きょうみ》ないし、ベタベタするのは好《す》かん！
一人《ひとり》で剣道《けんどう》の練習《れんしゅう》をするのが好《す》き！
一人《ひとり》で読書《どくしょ》するのが好《す》き！
幕末《ばくまつ》の男《おとこ》たち
新幹線《しんかんせん》の700系《けい》と500系《けい》！
どっちがかっこいいと思《おも》う？
……
興味《きょうみ》ない

一人《ひとり》で行動《こうどう》できるのはすばらしいが，人《ひと》に興味《きょうみ》をもつことも，すばらしいことなんじゃ。
K
先生《せんせい》
近所《きんじょ》のおばちゃん
家族《かぞく》
友《とも》だち

この社会《しゃかい》では，人《ひと》はみんな，助《たす》け合《あ》ったり，協力《きょうりょく》しあったりして生《い》きているよ。人《ひと》とのつながりは，生《い》きることの基本《きほん》なんだ。

みんなで協力《きょうりょく》すると…

りなちゃん、歌《うた》がうまかー
ラララ ルル〜
一緒《いっしょ》にミュージカルの練習《れんしゅう》しましょ！
みんなのソング
みんなのソング

友《とも》だちのいろんな面《めん》を知《し》ることができる。

感動《かんどう》！
ラ〜
ラララ〜
サイコー
ワー ワー ワー
パチ パチ パチ

一人《ひとり》ではできないことが体験《たいけん》できる。

人《ひと》に興味《きょうみ》をもち，人《ひと》と関《かか》わると…

電車《でんしゃ》の歴史《れきし》って、面白《おもしろ》い！
これが日本《にほん》で一番《いちばん》古《ふる》い電車《でんしゃ》なんだ

いろんな発見《はっけん》があり，視野《しや》が広《ひろ》がる。

一緒《いっしょ》だと、がんばれる！

一人《ひとり》でやるより，楽《たの》しいこともある。

人《ひと》との関係《かんけい》を大切《たいせつ》にして協力《きょうりょく》しあうことも，自信《じしん》につながるのじゃ。

自分《じぶん》のいいところを見《み》つけよう

ん?これは!
たけぞうくん、どうしたの?
これはクマのつめの跡《あと》ばい
え
ヤダこわい!
大丈夫《だいじょうぶ》!オレは「クマ殺《ごろ》しのたけぞう」と言《い》われた男《おとこ》ばい!オレにまかせろ!
よく わからないけど、たのもしい!カッコイイ♪
みんな、森《もり》の中《なか》には行《い》かないようにね!はぐれないよう気《き》をつけて!
きよみちゃん、しっかりしてるなあ
クマが来《こ》ないように、みんなで歌《うた》を歌《うた》おう!せーの!ラ~ララ~♪
歌《うた》が上手《じょうず》!いやされる~♥
ねーねー、オレ、「く」「ま」って尻文字《しりもじ》書《か》けるよ!見《み》て!
なにそれ
こんなときも冗談《じょうだん》を言《い》って盛《も》り上《あ》げてる…

みんな、すごいな！ボクにはいいところが何《なに》もないや
あ！あ
ココロージ！
うぃーん
そんなことはないぞ！
キミにもいいところはたくさんある。欠点《けってん》だけでなく、長所《ちょうしょ》に目《め》を向《む》けることが大事《だいじ》じゃ。いいところに気《き》づくと、自信《じしん》につながるぞ！
自分《じぶん》のいいところに気《き》づけるように魔法《まほう》をかけてあげよう！
ポジティブマジーック！
ハッ！
ボクのいいところがわかってきたぞ！慎重《しんちょう》で計画的《けいかくてき》なところだな！
よし！ここは慎重《しんちょう》に…テントを守《まも》るバリケードを作《つく》ろう！
みんなテントの中《なか》に入《はい》ってー！
テントから出《で》られないよー！
これでクマが来《き》ても大丈夫《だいじょうぶ》！

人《ひと》には，いろんな「いいところ」「長所《ちょうしょ》」があるよ。自分《じぶん》では気《き》づいていなくても，たくさんのいいところがあるんだ。キミに当《あ》てはまるものを探《さが》してみよう。

思《おも》いやり

人《ひと》を助《たす》け，親切《しんせつ》にできる。

ねばり強《づよ》さ

あきらめずにがんばることができる。

リーダーシップ

人《ひと》の先頭《せんとう》に立《た》ってみんなをまとめる力《ちから》がある。

ユーモア

面白《おもしろ》いことが好《す》きで，人《ひと》を楽《たの》しませることができる。

勇気《ゆうき》

困難《こんなん》をおそれずに挑戦《ちょうせん》できる。

協調性《きょうちょうせい》

まわりの人《ひと》と協力《きょうりょく》しあえる。

好奇心《こうきしん》

いろんなことに興《きょう》味《み》をもつ。

謙虚《けんきょ》

自分《じぶん》のことを自慢《じまん》しない。

まじめ

いいかげんなところがなく，真剣《しんけん》に物事《ものごと》に取《と》り組《く》む。

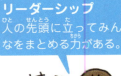

誠実《せいじつ》

うそをつかない。
約束《やくそく》を守《まも》る。

慎重《しんちょう》

よく考《かんが》え，計画的《けいかくてき》に行動《こうどう》できる。

楽天的《らくてんてき》

くよくよせず，明《あか》るいほうに考《かんが》えることができる。

行動力《こうどうりょく》

考《かんが》えたことを行動《こうどう》に移《うつ》す力《ちから》がある。

心《こころ》が広《ひろ》い

人《ひと》の失敗《しっぱい》を責《せ》めず，ゆるすことができる。

創造力《そうぞうりょく》

工夫《くふう》して新《あたら》しいやり方《かた》を考《かんが》える。

責任感《せきにんかん》

自分《じぶん》の役割《やくわり》や仕事《しごと》を最後《さいご》まで果《は》たそうとする。

礼儀正《れいぎただ》しい

まわりの人《ひと》にていねいな態度《たいど》で接《せっ》する。

素直《すなお》

ひねくれたところがなく，人《ひと》の話《はなし》をきちんと聞《き》ける。

自分《じぶん》のいいところをたくさん見《み》つけよう。それが自信《じしん》につながるぞ！

短所《たんしょ》は，見方《みかた》を変《か》えると長所《ちょうしょ》にもなるよ。

心配性《しんぱいしょう》
見方《みかた》を変《か》える
計画的《けいかくてき》・慎重《しんちょう》
明日《あす》の天気《てんき》、ネットで調《しら》べよう！
50%
くもゆきがあやしい…
テレビでは…
準備《じゅんび》OK！
あきっぽい
見方《みかた》を変《か》える
好奇心《こうきしん》・行動力《こうどうりょく》がある
このゲーム、もうあきた
買《か》ったばかりなのに！
面白《おもしろ》そう！やってみる！
主体性《しゅたいせい》がない・人目《ひとめ》を気《き》にする
見方《みかた》を変《か》える
協調性《きょうちょうせい》がある・気配《きくば》りができる
一緒《いっしょ》にプール行《い》かない？
いいね！
断《ことわ》りづらいし合《あ》わせておこう
ゴホ
ゴホ
プールはやめたほうが…
かぜ？大丈夫《だいじょうぶ》？はいティッシュ

がんこ → 見方《みかた》を変《か》える → 意志《いし》が強《つよ》い

たまには洋服《ようふく》着《き》たら?
オレは絶対《ぜったい》着物《きもの》ばい!

練習《れんしゅう》あるのみ!
全国大会《ぜんこくたいかい》優勝《ゆうしょう》!

厳《きび》しい・きつい → 見方《みかた》を変《か》える → まじめ・理想《りそう》が高《たか》い

ちゃんとして!
ペチャクチャ

がんばろう!
今月《こんげつ》の目標《もくひょう》
みんなで協力《きょうりょく》

短所《たんしょ》だと思《おも》っていたことも，見方《みかた》を変《か》えると長所《ちょうしょ》になるんじゃ。自分《じぶん》や友《とも》だちの「短所《たんしょ》」について，見方《みかた》を変《か》えてみると，「長所《ちょうしょ》」がたくさん見《み》つかるかもしれんぞ!

「短所《たんしょ》を長所《ちょうしょ》に変《か》えるシート」をダウンロードできるよ。
https://www.obunsha.co.jp/service/gakkou_jishin/

地図《ちず》によると、この湖《みずうみ》のあたりに2つ目《め》の宝《たから》があるはずよ！
うん
みんなで手分《てわ》けして探《さが》そう！
ブクブク
ん？
水面《すいめん》が！
竜《りゅう》だ！頭《あたま》に宝《たから》が！
ザバー
ギャー
戦《たたか》ってうばえってことか！
ブルブル
よくここまでたどりついたな。えらいぞ！
ほれ！ほうびの宝《たから》じゃ♥
ど、どうも…
竜《りゅう》さんどうもありがとう！
じゃーねー
バイバーイ
おめでとう！みんな、自分《じぶん》のことをよく知《し》ることができたあかしじゃ。
では次《つぎ》のステージへ進《すす》むぞ！次《つぎ》のミッションは「みんなと協力《きょうりょく》」じゃ
ハーイ！

4章《しょう》

自分《じぶん》を信《しん》じる力《ちから》

レベル3

みんなと協力《きょうりょく》する

だれの意見《いけん》が正《ただ》しい？

困《こま》ったわ…クマがいる森《もり》を通《とお》らないと次《つぎ》の場所《ばしょ》に行《い》けない…
えーっ
みんなで作戦《さくせん》を考《かんが》えましょう
そうだね
うん うん
クマが好《す》きなはちみつでさそい出《だ》して、その間《あいだ》に逃《に》げよう
クマが寝《ね》ている間《あいだ》にこっそり森《もり》を抜《ぬ》けたらどう？
目《め》を覚《さ》ましたらあぶないよ！眠《ねむ》り薬《くすり》になる薬草《やくそう》を食《た》べさせたら？
オレがクマを倒《たお》す！
オレにまかせろ！
ボクの案《あん》のほうがいいよ
絶対《ぜったい》、はちみつだって！
意見《いけん》がまとまらないわ。ん？ そういえば…
私《わたし》たち、前《まえ》もこんな感《かん》じでもめたよね…

来週《らいしゅう》の遠足《えんそく》のレクリエーションは、何《なに》がいいと思《おも》いますか？
みんなで歌《うた》を歌《うた》うのはどう？
草花《くさばな》の観察《かんさつ》とか…
相撲《すもう》大会《たいかい》！
尻文字《しりもじ》クイズ大会《たいかい》がいい！
ハイ ハイ ハイ ハイ
見《み》ている人《ひと》に楽《たの》しんでもらえるし、盛《も》り上《あ》がるよ！
ハイ、決定《けってい》〜！
えー
えー
待《ま》てーい！
あっ ココロージ！
自分《じぶん》の意見《いけん》を言《い》うことは大事《だいじ》じゃが、相手《あいて》の意見《いけん》をよく聞《き》くことも大事《だいじ》じゃ。質問《しつもん》すると、相手《あいて》の考《かんが》えがよくわかるぞ
なんで尻文字《しりもじ》クイズ大会《たいかい》はダメなんですか？
はずかしいからムリ！
ムリ！
できない！
そうなのか

正解《せいかい》は1つではないんじゃ。いろんな人《ひと》の意見《いけん》を聞《き》いて話《はな》し合《あ》うと、よりよい方法《ほうほう》が見《み》つかるぞ！
クマがはちみつを食《た》べている間《あいだ》に全員《ぜんいん》逃《に》げられるかな？
そうだなー、そんなに時間《じかん》はかせげないかも…
やっぱり眠《ねむ》り薬《ぐすり》の薬草《やくそう》を食《た》べさせるのがいいかな？
でも、薬草《やくそう》、どうやって食《た》べさせよう？おいしくないと食《た》べないかも
うーん
そのときはオレが倒《たお》す！
まかせんしゃい！
だから…戦《たたか》わなくていいから…
あの～
なんでね？
みんなの意見《いけん》を聞《き》いて考《かんが》えたんだけど…眠《ねむ》り薬《ぐすり》を入《い》れたはちみつを置《お》いたらどうかな？
なるほど！
いいかも
うん

自分《じぶん》と考《かんが》えがちがうときは，相手《あいて》に質問《しつもん》してみよう。

尻文字《しりもじ》クイズのほうがバカバカしい！
相撲《すもう》なんてつまらないよ！
たけぞうくんは、なんで相撲《すもう》がいいの？
ルールもわかりやすいし、みんな参加《さんか》できるばい

いろんな意見《いけん》を出《だ》し合《あ》うと，もっとステキな考《かんが》えが生《う》まれるよ。

？
ハッ！
ひらめいた！
相撲《すもう》と尻文字《しりもじ》を組《く》み合《あ》わせて…
尻相撲《しりずもう》はどう？
よかねー♪
よくないっ！

みんなと協力《きょうりょく》して問題《もんだい》を解決《かいけつ》できたことが，自信《じしん》につながるんじゃ。

得意《とくい》なことをいかして、協力《きょうりょく》しよう

破《やぶ》れたマントをつくろうたけぞう
あれ？
モタ
モタ
細《こま》かい作業《さぎょう》は苦手《にがて》ばい…
ボロッ
川《かわ》へ水《みず》くみに行《い》くりな
ハアハア
プルプル
お、重《おも》い…
バターン
もうダメ…
ヒクヒク
おやつの木《き》の実《み》を分《わ》けるひかる
え〜っと
1、2、3…
1、2、3、4
あれ？
1個《こ》多《おお》い？
わー！
わからなくなった〜
もうムリ！

みんな！ 得意《とくい》なことをいかすと、もっとうまく助《たす》け合《あ》えるぞ！
なるほど…
重《おも》いものはオレが運《はこ》ぶばい
ありがとう！
計算《けいさん》得意《とくい》だから、私《わたし》がおやつを分《わ》けるわ
助《たす》かるよ！
裁縫《さいほう》好《す》きなの！ 私《わたし》にまかせて♪
お願《ねが》いするばい
はい！ できたよ！ 着《き》てみて♪
ありがとう
早《はや》く終《お》わってよかった！
こ、これは!!
ステキでしょ？
ファッショナブル！
……

得意《とくい》なこと，向《む》いていることは，人《ひと》によってちがうよ。お互《たが》いの得意《とくい》なことをいかすと，協力《きょうりょく》しやすくなるね。

細《こま》かい作業《さぎょう》が得意《とくい》！

チク
チク

力《ちから》仕事《しごと》が得意《とくい》！

計算《けいさん》が得意《とくい》！

三百五十六円《さんびゃくごじゅうろくえん》な－り
七百九十三円《ななひゃくきゅうじゅうさんえん》な－り
九百五十八円《きゅうひゃくごじゅうはちえん》な－り
二百六十一円《にひゃくろくじゅういちえん》な－り

絵《え》を描《か》くのが得意《とくい》！

人《ひと》を楽《たの》しませるのが得意《とくい》！

お互《たが》いの得意《とくい》なことを知《し》ると，協力《きょうりょく》しやすくなるぞ！

自分《じぶん》の得意《とくい》なことが人《ひと》の役《やく》に立《た》って，よろこんでもらえると，うれしいね。

学芸会《がくげいかい》の準備中《じゅんびちゅう》
うーん重《おも》い
オレにまかせんしゃい
絵《え》がうまく描《か》けないよー
ボクがやろうか？
ありがとう！
こんな感《かん》じかな？
すげー！助《たす》かったよ
みんなで協力《きょうりょく》して、すごいものができたね！
自分《じぶん》も役《やく》に立《た》ててよかった！

キミも，知《し》らないうちにきっとだれかの役《やく》に立《た》っているんじゃ。

仲《なか》間《ま》がいると、がんばれる

ん？あれは・・・
だよね〜
そうそう！
スイカだ〜♥
わーっ
ズボッ
なんでこんなところに穴《あな》が！猛獣《もうじゅう》の落《お》とし穴《あな》だったらどうしよう…
イタタ
ケガして登《のぼ》れない…このままだれにも気《き》づかれずに、猛獣《もうじゅう》に食《た》べられちゃうのかな…
ぐすん
ココロージ〜！
助《たす》けてはくれないんだね…
くじけるな少年《しょうねん》よ…みんなのことを思《おも》い出《だ》すんじゃ。一人《ひとり》でがんばっているときも、キミには仲間《なかま》がついているぞ

みんな!に来《き》て!助《たす》けて!
ひかるくーん!
今《いま》、助《たす》けに行《い》くからねー
大丈夫《だいじょうぶ》?
みんな!来《き》てくれたんだ!
スル スル
おまたせ
まさし~
ヨイショ
ヨイショ
よし!もうちょっと!1、2、3!
みんなありがとう~
よかったー
うん、うん
ココロージ?
みんなで力《ちから》を合《あ》わせてピンチを乗《の》り越《こ》えられたのう!…ということで
の、登《のぼ》れないの?
実《じっ》はワシも落《お》ちたんじゃ…
ワシも引《ひ》き上《あ》げてくれんかのう?

一人《ひとり》ではできないことも…

体育倉庫《たいいくそうこ》
まさしくん！キミが描《か》いた学芸会《がくげいかい》の壁画《へきが》はすばらしかったよ。ぜひ体育倉庫《たいいくそうこ》の壁画《へきが》も描《か》いてくれたまえ
わかりました！
でも一人《ひとり》でできるかなあ…

仲間《なかま》と協力《きょうりょく》すれば，きっとできる！

まかせんしゃい
私《わたし》もやる！
ありがとう
手伝《てつだ》うぜ
一緒《いっしょ》にやりましょ！

ヤッター♪
完成《かんせい》！
バンザーイ♪

仲間《なかま》と一緒《いっしょ》にやりとげると，よろこびも大《おお》きいね！

一人《ひとり》だとくじけそうでも…

水泳大会《すいえいたいかい》に参加中《さんかちゅう》のひかる
苦《くる》しい…もう、あきらめちゃおうかな

応援《おうえん》してもらえると，がんばれる！

応援《おうえん》してくれてる！
最後《さいご》まで泳《およ》ぐぞ！
うおお〜
ひかるくんがんばって
あと少《すこ》しだ！

悩《なや》みがあるときも，相談《そうだん》できる人《ひと》がいると，「大丈夫《だいじょうぶ》」と思《おも》えるね。話《はなし》を聞《き》いてもらうだけで，気持《きも》ちが楽《らく》になることもあるよ。

また母《かあ》ちゃんにしかられちゃって…
そうなんだ？何《なに》があったの？

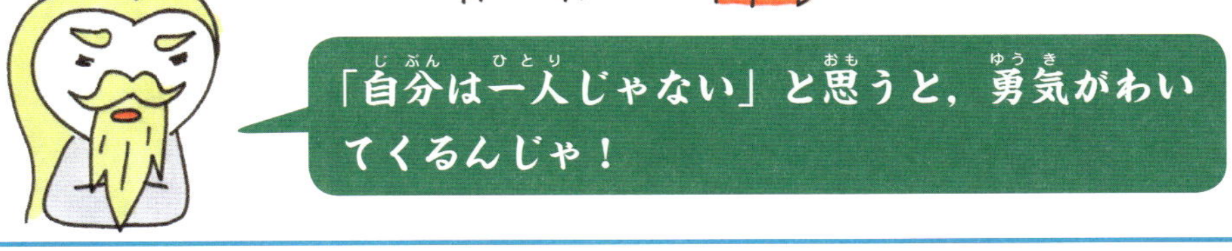
「自分《じぶん》は一人《ひとり》じゃない」と思《おも》うと，勇気《ゆうき》がわいてくるんじゃ！

自分《じぶん》も、仲間《なか》《ま》も大切《たいせつ》にしよう

自分《じぶん》を大切《たいせつ》にしよう

自分《じぶん》の気持《きも》ちや考《かんが》えを知《し》ろう

気持《きも》ちや考《かんが》えを伝《つた》えよう

自分《じぶん》はどう思《おも》う？
ボクは、たけぞうくんはかっこいいと思《おも》う！

みんなと協力《きょうりょく》したり、一緒《いっしょ》に何《なに》かをなしとげることは…

たけぞうくんがいてよかった！
たけぞうくん、ありがとう…
おなかイタイ……
役《やく》に立《た》ててよかったばい
ホッ
助《たす》かるよ

大《おお》きな自信《じしん》につながるよ。

仲間《なかま》を大切《たいせつ》にしよう

相手《あいて》に
興味《きょうみ》をもとう

好《す》きな食《た》べ物《もの》は？
何《なに》して遊《あそ》ぶのが好《す》き？

相手《あいて》の
話《はなし》をよく聞《き》こう

3才《さい》のときからじいちゃんに剣道《けんどう》を教《おそ》わって…
うんうん

困《こま》ったときに応援《おうえん》してくれる人《ひと》，
相談《そうだん》できる人《ひと》がいると…

お前《まえ》ならできる！
よし！がんばるぞ！
3-2
3-2

「自分《じぶん》は大丈夫《だいじょうぶ》」と安心《あんしん》できるよ。

ひかるくん、無事《ぶじ》でよかった！
でもなんで道《みち》を外《はず》れてあんなところへ行《い》ったの？
あ、そうだった！
落《お》とし穴《あな》の先《さき》にスイカを見《み》つけたんだ！
わ
オレ、スイカ大好《だいす》きなんだ～
いただき♥
3つ目《め》の宝《たから》だ！
あっ！
えー
おめでとう！みんなで協力《きょうりょく》できるようになって、自信《じしん》のレベルがさらにアップしたぞ
次《つぎ》は最後《さいご》の難関《なんかん》！ミッションは「ピンチを乗《の》り越《こ》える」じゃ！
ハーイ！

5章《しょう》

自分《じぶん》を信《しん》じる力《ちから》

レベル4

ピンチを乗《の》り越《こ》えよう

え・・・?
オレと勝負《しょうぶ》しろ!
果《は》たし状《じょう》
となりのクラスのごうすけ

ピンチ1 緊張《きんちょう》するとき

最後《さいご》の宝《たから》を探《さが》すひかるたち
この森《もり》を通《とお》るよ
あ!
立《た》て札《ふだ》がある!
コノ森《モリ》ヲ通《トオ》リタイ者《モノ》ハ、オレトスモウデ勝負《ショウブ》スルベシ 森《モリ》ノ主《ヌシ》
相撲《すもう》!?
イヤな予感《よかん》…
ピピピ
フムフム
かなり強《つよ》い相手《あいて》らしい…
今日《きょう》は相撲《すもう》の練習《れんしゅう》をして、明日《あした》戦《たたか》おう!
うん がんばろう
そうだね
……
ドスコーイ
ヤー
ヤー
まさし、かかってこい!
相撲対決《すもうたいけつ》なんて緊張《きんちょう》するなあ。考《かんが》えただけでおなかが痛《いた》くなってきた…

次《つぎ》の日《ひ》
よし！行こう！
勝負《しょうぶ》だ！
練習《れんしゅう》したから勝《か》てるかも！
ソコノオマエ！
ドスコーイ
ドスコーイ
オレニ勝《カ》ッタラ、ミンナコノ森《モリ》ヲ通《トオ》シテヤルゾ！
えっボク!?
ロボット？
ボク、ふだんから緊張《きんちょう》しやすいんだよね…人前《ひとまえ》で発表《はっぴょう》するときなんてふるえるし…
ガクガク
ブルブル
なぜボクが…
リラックスして！
練習《れんしゅう》した通《とお》りにやれば大丈夫《だいじょうぶ》じゃ！
そ、そうかな
マサシ
マサシガンバレ
まさしくんがんばってー！
りなちゃん
よーし！やる気《き》が出《で》てきた。いくぞー！
はっけよーい
絶対《ぜったい》に勝《か》つ！
のこったー！
ドン
えー？
ツヨイ…
相手《あいて》がちがう！

緊張《きんちょう》するのは，ダメじゃない

緊張《きんちょう》するのは，悪《わる》いことではないよ。自分《じぶん》の力《ちから》を発揮《はっき》しようとして，集中《しゅうちゅう》している証拠《しょうこ》でもあるんだ。

運動会《うんどうかい》
次《つぎ》はいよいよ50メートル走《そう》！ボク、緊張《きんちょう》してるな…
集中《しゅうちゅう》できている証拠《しょうこ》だ！
ギュッ

どうして緊張《きんちょう》するのかな？

キミは，どういうところに緊張《きんちょう》するのかな。「うまくできるか不安《ふあん》で緊張《きんちょう》するなあ」などと，気持《きも》ちを言葉《ことば》にして言《い》ってみよう。

ガンバレー
大好《だいす》きなりなちゃんが見《み》てるから、緊張《きんちょう》しちゃうなー

深呼吸《しんこきゅう》して落《お》ち着《つ》こう

深呼吸《しんこきゅう》して，「緊張《きんちょう》しても，大丈夫《だいじょうぶ》」と言《い》ってみると，心《こころ》が落《お》ち着《つ》くよ。

フーッ
大丈夫《だいじょうぶ》！

うまくいっているところを想像《そうぞう》しよう

「試合《しあい》の本番《ほんばん》で実力《じつりょく》を発揮《はっき》しているところ」「人前《ひとまえ》でリラックスして発表《はっぴょう》しているところ」など，うまくいっている自分《じぶん》をイメージしてみよう。準備《じゅんび》や練習《れんしゅう》してきたことを思《おも》い出《だ》すのも，気持《きも》ちを落《お》ち着《つ》かせるのに役立《やくだ》つよ。

いっぱい練習《れんしゅう》したし！
きっと大丈夫《だいじょうぶ》！

がんばった自分《じぶん》をほめよう

緊張《きんちょう》する場面《ばめん》を乗《の》り切《き》ったら，ほっとしたり，やりきったという達成感《たっせいかん》を感《かん》じたりするね。がんばった自分《じぶん》をほめてあげよう。

ボクも、やればできる！

緊張《きんちょう》するのは，自然《しぜん》なこと！　緊張《きんちょう》する場面《ばめん》を経験《けいけん》することも，自信《じしん》につながるんじゃ。

ピンチ2 めんどうくさいとき

起《お》きて！
冒険《ぼうけん》、もう あきちゃった。まだ寝《ね》ていたいよー
ひかるくん！
ガオー
戦《たたか》うより昼寝《ひるね》したい
食事《しょくじ》の準備《じゅんび》手伝《てつだ》って！
ダラダラしたいんだよ～
むむっ
ひかるくん、すっかりやる気《き》がなくなっちゃった。どうしたのかな？
ゴロ
ゴロ
起《お》きてー
どうやらダラダラ星人《せいじん》に取《と》りつかれたようじゃ。やらなきゃいけないのにめんどうくさくなってしまうんじゃ
えっ？
ダラ～ん
そういうことって、あるかも…
宿題《しゅくだい》めんどうくさい！
後《あと》でやろう
うんうん

ダラダラ星人《せいじん》に取《と》りつかれているひかるくんの心《こころ》をのぞいてみよう！
ダラ〜ん
思《おも》った通《とお》り、ダラダラ星人《せいじん》とラブラブでダラダラしておるなあ…
ダラダラするダラよ〜
いいダラよ〜
ダラダラするのは楽《たの》しいダラね〜
でも、後《あと》でやらなきゃいけないことがあるんだよなー
そうダラね〜
しなければいけないことを終《お》わらせてからのほうが、思《おも》い切《き》り楽《たの》しく遊《あそ》べるぞ！
余《よ》計《けい》なことを！
そうか！
あれ〜
よし！これからはテキパキやるぞ！
みんな起《お》きて！早《はや》起《お》きは気《き》持《も》ちいいよ！
まだ夜《よる》だよ〜
う〜ん

自分《じぶん》の「やる気《き》のスイッチ」を見《み》つけよう!

簡単《かんたん》なことからやってみる

最初《さいしょ》からたくさんやろうとすると，めんどうくさく感《かん》じてしまうね。簡単《かんたん》なところから始《はじ》めてみよう。

今日《きょう》は机《つくえ》の上《うえ》だけ片《かた》づけよう!
マンガ

だれかと一緒《いっしょ》にやってみる

一人《ひとり》だと投《な》げ出《だ》したいことも，だれかと一緒《いっしょ》にやると，がんばれるかもしれないね。

終《お》わったら遊《あそ》ぼう!
うん!

楽《たの》しんでみる

めんどうくさいことも，見方《みかた》をかえてゲームのように取《と》り組《く》むと，楽《たの》しくなるかもしれないよ。

「どれだけ早《はや》く草《くさ》むしりできるかゲーム」だ!
うおおおおおー
助《たす》かるわ!

めんどうくさいことを先《さき》にやったほうが楽《たの》しめる

しなければならないことをやり終《お》えていないと…

宿題《しゅくだい》しなきゃな〜
モヤ
モヤ
モヤ
ピコ
ピコ

気《き》になって，思《おも》い切《き》り楽《たの》しめない。

しなければならないことをやり終《お》えていると…

宿題《しゅくだい》も終《お》わったし、さあ遊《あそ》ぶぞ！
ヤッター
ドリル 3

遊《あそ》びも，思《おも》い切《き》り楽《たの》しめる。

自《じ》分《ぶん》でやる気《き》が出《だ》せると…

早《はや》く片《かた》づけ…
あら？
もう終《お》わったの？
オレってできる男《おとこ》だぜ…

- 人《ひと》に言《い》われる前《まえ》にやり終《お》えて，気分《きぶん》がいい。
- 自分《じぶん》のことを「できる自分《じぶん》」だと思《おも》えて，自信《じしん》につながる。

自分《じぶん》でやる気《き》のスイッチを入《い》れられると，自信《じしん》がもてるようになるんじゃ。

どっちもイヤ！なとき

まわりの道《みち》は猛獣《もうじゅう》が出《で》るから、沼《ぬま》を歩《ある》いてわたるばい
えー
仕方《しかた》ないわね
えーっ
浅《あさ》いから大丈夫《だいじょうぶ》だよ！
わっ
えいっ♪
ギャハハハ
ハハハ
どろだらけ！
私《わたし》、どろんこになるなんてイヤ！冒険中《ぼうけんちゅう》もきれいでいたいの。だって女《おんな》の子《こ》だもん！
私《わたし》、行《い》かない！
ワガママ言《い》わないで！
ここを通《とお》らないと先《さき》へ行《い》けないのよ！
置《お》いて行《い》かれたくないけど…
先《さき》に行《い》くからね！
どろんこもイヤだし…

心《こころ》の中《なか》に2つの気《き》持《も》ちがあるから、困《こま》ってしまうんじゃのう
ココロージもどろんこ・・・
どっちもイヤなときって、どうすればいいのかな
おやつをがまんするのはイヤ！
太《ふと》るのもイヤ！
こくご
さんすう
勉強《べんきょう》するのイヤ！
悪《わる》い点《てん》もイヤ！
ふだんからあるんだよね
自分《じぶん》がどうしたいのかよく考《かんが》えてみることが大切《たいせつ》じゃ
おっと！
やっぱり置《お》いてけぼりはイヤ！
どろんこにならない方法《ほうほう》はないかな…
ん？
そうだ！
おまたせー！
わっ
すごい
落《お》ちていた木《き》で竹馬《たけうま》を作《つく》った

りなちゃんキライ！
きよみちゃんキライ！

２つの考《かんが》えの間《あいだ》で困《こま》ったときは，自《じ》分《ぶん》にとって大事《だいじ》なものは何《なに》か，がまんできること・できないことは何《なに》か，よく考《かんが》えてみよう。

1 心《こころ》の中《なか》に，反対《はんたい》の２つの気持《きも》ちがあることに気《き》づこう

謝《あやま》りたくない VS 仲直《なかなお》りしたい

ごめんなさい……

どうして 謝《あやま》りたくないのかな？

りなちゃんの服《ふく》ダサイ！
きよみちゃんの服《ふく》も！
きよみちゃんヒドイ！

きよみちゃんが悪《わる》いのに，自分《じぶん》が謝《あやま》るのはくやしいから。

どうして 仲直《なかなお》りしたいのかな？

ハハハ
フフフ

きよみちゃんと話《はな》したり，遊《あそ》んだりできなくなるのは悲《かな》しいから。

2 自分《じぶん》はどうしたいのか考《かんが》えよう

あのね…
もう一度《いちど》、話《はな》し合《あ》いたいなあ
なに？
きよみちゃんが謝《あやま》ってくれるのを待《ま》っていたら、ずっと仲直《なかなお》りできないかも
スタスタ
ツーン

何《なに》もしないで待《ま》っていると，よけいイライラすることもあるね。自分《じぶん》がどうしたいのか考《かんが》えてみよう。

3 いろんな解決方法《かいけつほうほう》があるよ

きよみちゃんへ
もしもし…
ほかの方法《ほうほう》があるかも！
どうしたら気持《きも》ちを伝《つた》えられるかな？直接話《ちょくせつはな》すのは勇気《ゆうき》がいるけど…
き、きよみちゃんっ
スタスタ
ツーン

困《こま》ったときの解決方法《かいけつほうほう》は，1つではないよ。いろんな方法《ほうほう》を考《かんが》えてみよう。自分《じぶん》にできる方法《ほうほう》が，きっと見《み》つかるよ。

どっちもイヤなように思《おも》えても，自分《じぶん》の気持《きも》ちをよく見《み》つめると，解決策《かいけつさく》を見《み》つけられるぞ。

ピンチ④ 人《ひと》とくらべて落《お》ち込《こ》んでしまうとき

早《はや》く起《お》きて！いつまで寝《ね》てるのよ！
眠《ねむ》いよ〜
早《はや》く食《た》べて！もう出発《しゅっぱつ》する時間《じかん》よ！
ハイッ
きよみちゃんってこわいよなー。りなちゃんのほうが優《やさ》しいよな
ガーン!!
うん
たけぞうくん、頼《たよ》りになる！
たけぞうくん、私《わたし》よりみんなに頼《たよ》られてる…
私《わたし》はダメなんだ…優《やさ》しくないし、頼《たよ》りないし…学級委員《がっきゅういいん》なのに…
ハアー〜
そんなに落《お》ち込《こ》まなくてよいぞ！
だって…
人《ひと》とくらべて自分《じぶん》がダメに思《おも》えて、自信《じしん》がなくなっちゃうの

ふだんからそうなの・・・
すばらしい踊《おど》りだったわ！あなたは自慢《じまん》の娘《むすめ》よ！
お姉《ねえ》ちゃんばかり…私《わたし》はダメなんだ
マコトまた100点《てん》か、すごいな～
私《わたし》は99点《てん》…負《ま》けた！
人《ひと》はみんなちがって当《あ》たり前《まえ》。くらべる必要《ひつよう》はないんじゃ。キミにはキミのステキなところがあるぞ
考《かんが》えてみるとよい
私《わたし》のステキなところね～
次《つぎ》は100点《てん》とるぞ！
さんすう
勉強《べんきょう》好《ず》きでがんばりや
上手《じょうず》にできた♪
料理《りょうり》や裁縫《さいほう》が得意《とくい》
実《じつ》はオシャレも好《す》き
意外《いがい》と女子力《じょしりょく》高《たか》いかも？よーし、そこをアピールしていこう
次《つぎ》の朝《あさ》
おはよう♪もう朝《あさ》だゾ♥
チッ
私《わたし》の愛情《あいじょう》たっぷりの朝《あさ》ごはんをめしあがれ～
だれ？

落《お》ち込《こ》むのは，がんばりたい気持《きも》ちがあるから

お姉《ねえ》ちゃんに
くらべて
自分《じぶん》はダメだと
思《おも》ったけど…
私《わたし》はもっと
かがやけるって
ことなのね！

人《ひと》とくらべて落《お》ち込《こ》んでも，大丈夫《だいじょうぶ》。落《お》ち込《こ》むのは，キミの心《こころ》の中《なか》に「自分《じぶん》も，もっと成長《せいちょう》したい」「がんばって，できるようになりたい」という気持《きも》ちがあるからだよ。

人《ひと》と同《おな》じでなくてもいい

きよみ
すごい！
お姉《ねえ》ちゃんは
お姉《ねえ》ちゃん！
私《わたし》は私《わたし》！
ちがって当《あ》たり前《まえ》！

得意《とくい》なことは，一人《ひとり》ひとりちがうよ。だから，兄弟《きょうだい》や友《とも》だちと，同《おな》じようにできなくても大丈夫《だいじょうぶ》なんだ。

くらべられて悲《かな》しいときは…

お姉《ねえ》ちゃんとくらべられると、つらいの
ごめんね。そんなふうに思《おも》っていたなんて…。きよみも自慢《じまん》の娘《むすめ》よ！

悲《かな》しい気持《きも》ち，つらい気持《きも》ちを正直《しょうじき》に伝《つた》えてみよう。

「本当《ほんとう》は」どうしたい？

これが、私《わたし》が本当《ほんとう》にしたいファッションなの♥
きよみ!!

自分《じぶん》の好《す》きなことや得意《とくい》なことは何《なん》だったかな。本当《ほんとう》にやりたいことを考《かんが》えると，人《ひと》とくらべずに，自分《じぶん》らしくいられるようになるよ。

キミには必《かなら》ずステキなところがあるぞ。自《じ》分《ぶん》のよさに，自分《じぶん》で気《き》づけるようになるとよいのう。

ピンチ5 どうしたらいいかわからないとき

おなかすいたなー
ムギュッ
ギャン!
……
イタイ…
ガルルル
わーオオカミだ〜!
こっちへ逃《に》げるばい!
ガルルル
みんな!大変《たいへん》!

この先《さき》、がけよ…
ザパーン
えーー
ガルー
もうだめだ〜
前《まえ》にはがけ！後《うし》ろにはオオカミ！さすがのオレも絶体絶命《ぜったいぜつめい》！
1つの見方《みかた》にとらわれるな！別《べつ》の方法《ほうほう》があるかもしれんぞ！
別《べつ》の方法《ほうほう》？
ガルルルル
このオオカミ…よく見《み》ると、うちで飼《か》ってる犬《いぬ》のゴンタに似《に》てる…
ピシッ
おすわり！
なぜか従《したが》ってしまう…イヌの仲間《なかま》としてのオレの本能《ほんのう》か！
お手《て》！
よーしよしよし
ハッハッ
なついてる…
もう大丈夫《だいじょうぶ》！先《さき》へ進《すす》めるばい！

「どうしたらいいかわからない」というピンチのときも，きっとなんとかなるよ。

え……？
オレと勝負《しょうぶ》しろ！
果《は》たし状《じょう》
受《う》け取《と》ってくれ！
となりのクラスのごうすけ

原因《げんいん》をさぐろう

どうして困《こま》った状況《じょうきょう》になったのか，原因《げんいん》を考《かんが》えたり，出来事《できごと》をふり返《かえ》ったりしてみよう。

？？？
ドスコーイ！
ごうすけにきらわれること，したかな？
相撲《すもう》で投《な》げ飛《と》ばしたから？

どうしたらいいか考《かんが》え，やってみよう

自分《じぶん》はどうなってほしいか，自分《じぶん》の気持《きも》ちを見《み》つめて，できることを考《かんが》えてみよう。

ドスコーイ
ケンカには負《ま》けたくない！
もっと強《つよ》くなろう！

いったん，別《べつ》のことをしてみよう

がんばってもうまくいかないときは，少《すこ》し時間《じかん》をおいてみるのも，１つの方法《ほうほう》だよ。いったん忘《わす》れてリラックスしたり，楽《たの》しいことをしたりしていると，よい考《かんが》えがうかぶかもしれないよ。

気分転換《きぶんてんかん》しよう

別《べつ》のとらえ方《かた》をしてみよう

同《おな》じ出来事《できごと》でも，ちがうとらえ方《かた》をしてみると，別《べつ》の解決方法《かいけつほうほう》が見《み》つかったり，前向《まえむ》きな気持《きも》ちになれたりするかもしれないよ。

もしかしたら
ケンカの
申《もう》し込《こ》みじゃ
なかったのかも？
よっ
強《つよ》いやつと
勝負《しょうぶ》したかったんだ！
オレ様《さま》の
相手《あいて》が
できるのは
お前《まえ》だけだ！

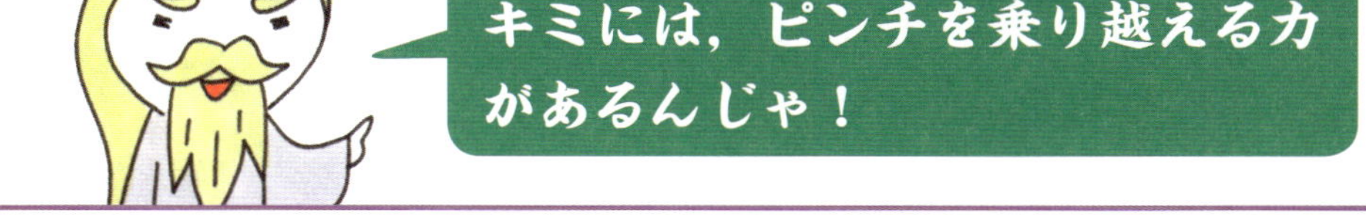
キミには，ピンチを乗《の》り越《こ》える力《ちから》があるんじゃ！

心《こころ》と体《からだ》がつかれたら…

ハァ～、つかれた…
うん…
でも早《はや》く進《すす》まないと…
つかれてるのに眠《ねむ》れない
オレもばい…
食欲《しょくよく》がないんだよね…
ボクも…胃《い》が痛《いた》い…
次《つぎ》は右《みぎ》へ…
そっちは左《ひだり》だよ～
みんな、がんばりすぎてつかれがたまってきたようじゃな
ココロージ！

つかれすぎると、体《からだ》の調子《ちょうし》が悪《わる》くなったり、頭《あたま》がうまく働《はたら》かなくなったりするんじゃ。そんなときは、休《やす》んで自分《じぶん》に優《やさ》しくすることが大切《たいせつ》じゃ
そうかー！
よし！今日《きょう》は休《やす》んでリフレッシュしましょう！
賛成《さんせい》！
グー
よしよし
ルルル〜
ララ〜
いい湯《ゆ》だ♪
いやされる〜
次《つぎ》の朝《あさ》
なんだか元気《げんき》がみなぎってきたわ！
おなかすいたなー、朝《あさ》ごはんいっぱい食《た》べるぞ！
気《き》持《も》ちのいい朝《あさ》だ！
さあ、また出発《しゅっぱつ》よ！
オー！

がんばりすぎてつかれたら…

眠《ねむ》れない

食欲《しょくよく》がない

ごちそうさま…

なんだかゆううつ

ハァ

「つかれているなあ」「ストレスがたまっているなあ」と感《か》じたら，早《はや》めに休《やす》んでリラックスすることが大切《たいせつ》だよ。

十分《じゅうぶん》な睡眠《すいみん》・栄養《えいよう》をとろう

スヤ
スヤ

リラックスを心《こころ》がけよう

気分転換《きぶんてんかん》のリストをつくろう

鉄道雑誌《てつどうざっし》を読《よ》む
お笑《わら》いDVD《ディーブイディー》を見《み》る
ハヤブサ(猫《ねこ》)と遊《あそ》ぶ
よし!

楽《たの》しいことをすると，元気《げんき》が出《で》て，気分転換《きぶんてんかん》できるね。でも，心《こころ》がつかれているときは，楽《たの》しいことを思《おも》いつきにくいんだ。元気《げんき》なときに，自分《じぶん》の好《す》きなことや，すると楽《たの》しくなることのリストをつくっておこう。

1
何《なに》もする気《き》がしない…

2
ハヤブサと遊《あそ》ぶ…
ニャー
ちょっとやってみようかな

3
なんだか気分《きぶん》が晴《は》れた♪

自分《じぶん》で気持《きも》ちの切《き》り替《か》えができることは，自《じ》信《しん》につながるんじゃ。

K

「気分転換《きぶんてんかん》にすることシート」をダウンロードできるよ。
https://www.obunsha.co.jp/service/gakkou_jishin/

深《しん》呼《こ》吸《きゅう》してリラックスしよう

目《め》を閉《と》じて，ゆっくり呼吸《こきゅう》して，吸《す》う息《いき》，はく息《いき》を感《かん》じてみよう。呼吸《こきゅう》に集中《しゅうちゅう》すると，気持《きも》ちが落《お》ち着《つ》くよ。

静《しず》かに座《すわ》り，ゆっくり呼吸《こきゅう》しよう

背筋《せすじ》をのばして，リラックスできる姿勢《しせい》で座《すわ》ろう。ゆっくり鼻《はな》から息《いき》を吸《す》い込《こ》み，はいてみよう。鼻《はな》の中《なか》を空気《くうき》が出《で》たり，入《はい》ったりするのを感《かん》じよう。

おなかの動《うご》きに気《き》づこう

息《いき》を吸《す》うときにはおなかがふくらみ，はくときにはへこむのを感《かん》じよう。深《ふか》い呼吸《こきゅう》で，心《こころ》も体《からだ》も，どんどんリラックスしていくよ。

呼吸《こきゅう》に注意《ちゅうい》をもどそう

途中《とちゅう》で気《き》が散《ち》っても大丈夫《だいじょうぶ》。頭《あたま》のなかのおしゃべりに気《き》づいたら，そっと呼吸《こきゅう》に注意《ちゅうい》をもどそう。

「リラックス呼吸法《こきゅうほう》」をダウンロードできるよ。
https://www.obunsha.co.jp/service/gakkou_jishin/

キミは一人《ひとり》じゃないよ

悩《なや》みがあるときは，一人《ひとり》でがんばりすぎず，まわりの人《ひと》に気持《きも》ちを話《はな》してみよう。話《はなし》を聞《き》いてもらうだけで，気持《きも》ちが落《お》ち着《つ》くこともあるよ。

ちょっと聞《き》いてほしいことがあるんだけど，いいかな？
おう
話《はな》したらスッキリしたよ。ありがとう！
いいってことよ

弱音《よわね》をはくことは，悪《わる》いことでも，はずかしいことでもないよ。まわりの人《ひと》に「助《たす》けてほしい」と言《い》えることは，正直《しょうじき》で，勇気《ゆうき》のあることなんだ。キミのまわりには，助《たす》けてくれる人《ひと》がたくさんいるよ。

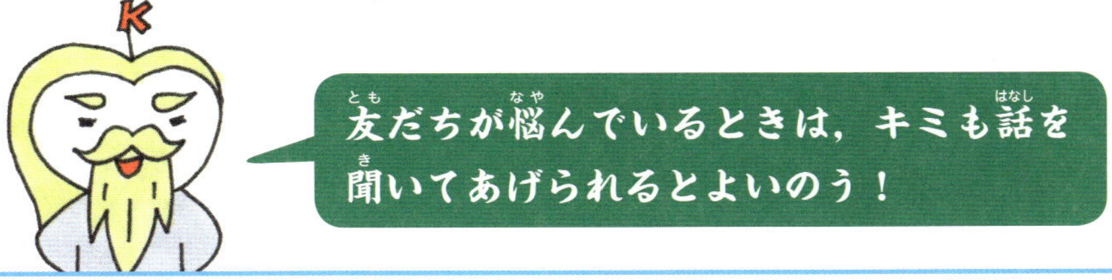
友《とも》だちが悩《なや》んでいるときは，キミも話《はなし》を聞《き》いてあげられるとよいのう！

ガオー!
わー クマ!
あ、はちみつが好《す》きなクマだ!
ペロペロ
前《まえ》みたいにはちみつで気《き》を引《ひ》いて、その間《あいだ》に逃《に》げよう!
この木《き》の実《み》、うまそう!
それは食《た》べないほうがいいよ! この前《まえ》、すごくまずかったから
えー そうなの?
川《かわ》だ… わたれるかなあ…
大丈夫《だいじょうぶ》! 前《まえ》にも川《かわ》をわたったじゃない!
沼《ぬま》も、がけも越《こ》えてきたし、これくらいの川《かわ》、へっちゃらよ!
そうだね

すばらしい！
ココロージ！
これまでの経験《けいけん》をいかして、困《こま》ったことにうまく対応《たいおう》できるようになったのう！
経験《けいけん》をいかすといろんな工夫《くふう》ができるようになるんじゃ！
実《じつ》にすばらしい！
工夫《くふう》か…なるほど！ココロージ、そのつえ貸《か》して！
ちょっと！
川《かわ》の深《ふか》さを測《はか》るのに使《つか》えるかも
え…
あっ！
ポチャン
ワシのつえがー！
スイー

「うまくいったこと」「うまくいかなかったこと」,どちらの経験《けいけん》も,
キミのこれからに役《やく》立《だ》てることができるよ。

まさし、お笑《わら》いの研究中《けんきゅうちゅう》
あのギャグはウケなかった
ハハハ
このギャグはウケた
ネタ帳
今度《こんど》のお楽《たの》しみ会《かい》、一緒《いっしょ》に漫才《まんざい》しない?
えー
漫才《まんざい》なんてできないよー
このネタ帳《ちょう》があれば大丈夫《だいじょうぶ》!ボクの経験《けいけん》がつまってるんだ!
ネタ帳
お楽《たの》しみ会当日《かいとうじつ》
今《いま》、何時《なんじ》?
ひつじ♪
シーーン…
○月《がつ》△日《にち》お楽《たの》しみ会《かい》でりなちゃんと初《はじ》めての漫才《まんざい》。まったくウケなかった…
ううっ
こんなにネタ帳《ちょう》増《ふ》えちゃった!
どんな経験《けいけん》も、キミの宝物《たからもの》になるんじゃ

自分《じぶん》で考《かんが》えて行動《こうどう》する途中《とちゅう》で，いろんなことに気《き》づくことができるよ。結果《けっか》だけではなく，途中《とちゅう》で気《き》づくことすべてが，キミの大《たい》切《せつ》な経験《けいけん》なんだ。

マラソンは好《す》きじゃないけど、仲間《なかま》がいるとがんばれるぞ！
一緒《いっしょ》に練《れん》習《しゅう》しようぜ！
うん！
ビリだったけど、完走《かんそう》できてうれしい！
まさしがんばったな！
フラ
フラ

経験《けいけん》が増《ふ》えると，同《おな》じような場面《ばめん》に出合《であ》ったとき，判断《はんだん》しやすくなるよ。

あいつは前《まえ》にも対戦《たいせん》したことがあるぞ！弱点《じゃくてん》は右脇《みぎわき》が甘《あま》いことだ！
この問題《もんだい》、前《まえ》にまちがえた問題《もんだい》だ。復習《ふくしゅう》したから、解《と》き方《かた》はバッチリ覚《おぼ》えてるわ

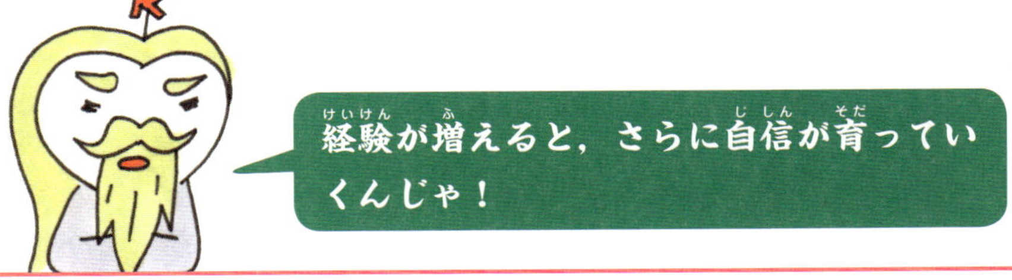
K
経験《けいけん》が増《ふ》えると，さらに自信《じしん》が育《そだ》っていくんじゃ！

あれが4つ目《め》の宝《たから》がある木《き》よ！
いよいよ最後《さいご》の宝《たから》ね！
あれだ！でも高《たか》い場所《ばしょ》にあるなあ…
みんなで協力《きょうりょく》すれば大丈夫《だいじょうぶ》！
もうちょっとだ！
気《き》をつけて！
このカゴに入《い》れて
よし！とったぞ！
4つそろった！！

わっ！
金色《きんいろ》に光《ひか》り出《だ》した！
みんな よくがんばった！ 自分《じぶん》を信《しん》じる力《ちから》を身《み》につけたキミたちは、どんな夢《ゆめ》でもかなえられるぞ。
さあ、自由《じゆう》に夢《ゆめ》を描《えが》いてごらん！
パティシエになりたい♪
ファッションモデルもいいし…優《やさ》しいお母《かあ》さんにもなりたいな
お笑《わら》い芸人《げいにん》か新幹線《しんかんせん》の運転手《うんてんしゅ》か…迷《まよ》うな～
世界一周《せかいいっしゅう》してみたい！
時代劇《じだいげき》のスターになるばい！
将来《しょうらい》の姿《すがた》を見《み》せてあげよう！
えいっ
わー
ステキ
ヤッター
ワクワク
うむ

これからも，いろんな出来事《できごと》がキミを待《ま》っているよ。迷《まよ》うことや悩《なや》むことも，あるかもしれないね。でも，「自分《じぶん》を信《しん》じる力《ちから》」があれば大丈夫《だいじょうぶ》！　夢《ゆめ》に向《む》かって進《すす》んでいけるよ。

スタート
未来《みらい》に向《む》かって，ワクワク
時代劇役者《じだいげきやくしゃ》になりたい
中学《ちゅうがく》
新《あたら》しい友《とも》だちができる
同《おな》じ趣味《しゅみ》の友《とも》だちができてうれしい
この映画《えいが》おもしろいでごわす
幕《ばく》末《まつ》の春《はる》
見《み》てみるばい
高校《こうこう》
好《す》きな部活《ぶかつ》をがんばる
失恋《しつれん》なんかに負《ま》けてたまるか！
ゴメンなさい
失恋《しつれん》して１回休《かいやす》み
告白《こくはく》してふられる

自分《じぶん》を信《しん》じる力《ちから》があれば，何《なに》があっても自分《じぶん》らしく人生《じんせい》を歩《あゆ》んでいけるんじゃ！

自分《じぶん》で進路《しんろ》を決《き》める

好《す》きな勉強《べんきょう》ができる大学《だいがく》へ進《すす》む

旺文芸術大学入学式
役者《やくしゃ》になりたいから、演技《えんぎ》の勉強《べんきょう》をするぞ！

オーディションに落《お》ちて２コマ戻《もど》る

めげずに何度《なんど》でもチャレンジする

今度《こんど》こそ！
プロデューサー

夢《ゆめ》のためにがんばる

アルバイトをしながら演技《えんぎ》の勉強《べんきょう》

いよいよ映画《えいが》デビュー！
夢《ゆめ》だった時代劇《じだいげき》役者《やくしゃ》になれた！
台本《だいほん》

ゴール

夢《ゆめ》がかなってステキな大人《おとな》になれるよ！

エピローグ

グー
しゅっぱーつ しんこーう!
ムニャムニャ
スー
うーん
ん?
あれ?ここは…学校《がっこう》?
ムクッ
冒険《ぼうけん》はどうなったの?
宝物《たからもの》は?
ガーン
もしかして夢《ゆめ》だったのー?
がんばって宝《たから》をゲットしたのに…
大丈夫《だいじょうぶ》! 夢《ゆめ》で経験《けいけん》したことは本当《ほんとう》じゃよ! 宝《たから》を持《も》っていなくても、自分《じぶん》を信《しん》じる力《ちから》は、もともとキミたちの心《こころ》の中《なか》にあるんじゃ
ココロ!ジは現実《げんじつ》?
ボクたちの中《なか》に?
私《わたし》たちの中《なか》に?
冒険《ぼうけん》を思《おも》い出《だ》してごらん! キミたちは…

自分《じぶん》で考《かんが》えて決《き》めることができる！
右《みぎ》の道《みち》は危険《きけん》だから左《ひだり》に行《い》きましょう
それが
いいはい
いい
なるほど！
眠《ねむ》り薬《ぐすり》の薬草《やくそう》でクマを眠《ねむ》らせよう！
いいね！
自分自身《じぶんじしん》についてよく知《し》っている！
ボクは不安《ふあん》になりやすいから…まずは落《お》ちつこう
大好《だいす》きな歌《うた》でリフレッシュしよう
ラララ〜♪
力仕事《ちからしごと》は得意《とくい》！
重《おも》い荷物《にもつ》はまかせんしゃい

仲間《なかま》と協力《きょうりょく》することもできる！
もう少《すこ》しだ！
ちゃんと支《ささ》えてるから安心《あんしん》して！
ファイト！
必《かなら》ず助《たす》けるばい
うーん
さまざまなピンチを自分《じぶん》で乗《の》り越《こ》えられる！
オバケなんているはずがない！
気《き》のせいだ！
自分《じぶん》らしくがんばろう！
何《なに》が起《お》きても
大丈夫《だいじょうぶ》！

自分《じぶん》を信《しん》じる力《ちから》は、キミたちの中《なか》に大《おお》きく育《そだ》っているんじゃ。
だから大丈夫《だいじょうぶ》！
これで安心《あんしん》してココロン星《せい》に帰《かえ》れるわい
えーーっ
帰《かえ》っちゃうの？
自分《じぶん》を信《しん》じる力《ちから》をこれからも育《そだ》てていっておくれ！ココロージは見守《みまも》っておるぞ
うわーん
ぐすん
そしてココロージは、トイレの鏡《かがみ》からワープしてココロン星《せい》へ…
みんな元気《げんき》でな…
わっ
また！
ただいまー
あ！おじいさん！
地球《ちきゅう》の子《こ》どもたち、どうでした？
みんな自信《じしん》を身《み》につけることができたから大丈夫《だいじょうぶ》じゃ

発表《はっぴょう》が苦手《にがて》で
ドキドキしてたけど、
深呼吸《しんこきゅう》して落《お》ち着いたぞ！
ボクの夢《ゆめ》！
それは電車《でんしゃ》の運転手《うんてんしゅ》に
なることです
自分《じぶん》の
気持《きも》ちに
正直《しょうじき》に…
一緒《いっしょ》に
トイレ行《い》こうよ！
ゴメン！
さっき
行《い》ったから
今《いま》はいいや
宿題《しゅくだい》後《あと》まわし
にしてゲーム
したいけど…
先《さき》に宿題《しゅくだい》をやって
おいたほうがゲームも
楽《たの》しめるからね！
初《はじ》めてのレシピで
心配《しんぱい》だったけど
上手《じょうず》にできた！
チャレンジして
みてよかった！
ありがとう！
頼《たの》む
ばい！
運《はこ》ぶの
手《て》伝《つだ》うよ！
一人《ひとり》でも大丈夫《だいじょうぶ》
だけど…二人《ふたり》の
ほうが早《はや》いし、
なんだか楽《たの》しい♪
みんな
自分《じぶん》らしく
輝《かがや》いて
いますね！
きっと
キラキラ
した未来《みらい》が
待《ま》っておるぞ！